Collana
Pubblicità e comunicazione

Le virtù della mosca bianca

progetto grafico e copertina
Inside btb

Prima ristampa Marzo 2016

logo fausto lupetti editore
via del Pratello, 31 - 40122 Bologna - Italy
tel. 0039 051 5870758
www.faustolupettieditore.it

Ean 978-88-95962-45-0

www.insidecomunicazione.it
www.lucatarga.com

distribuito da Messagerie Libri

Stampa
Stampare S.r.l.
Cesena (FC)
stamparesrl.it

Luca Targa
Le virtù della mosca bianca

INDICE

PROMEMORIA

Questo è un libro di memorie. In memoria di me stesso.
Reputandomi un comunicatore, esprimermi attraverso un libro, con l'ambizione di **entrare nella vostra memoria**, può essere inteso come un sublime atto di egocentrismo.
In fondo, ho scelto di fare per me stesso, ciò che da anni faccio per gli altri.
Vi presento quindi il prodotto che conosco meglio: me stesso.
La memoria che vorrei che vi restasse è quella di una persona che, nonostante le sue umane debolezze, ama ciò che fa ed è sempre alla ricerca di amore, ovunque nel mondo si nasconda.

PREFAZIONE

La recente classifica di Forbes che colloca Bill Gates al decimo posto nella classifica degli uomini più potenti del mondo, unico non capo di stato a livelli così alti della gerarchia planetaria, conferma il primato dell'idea su qualsiasi altra forma di economia conosciuta. In pratica, arriva a livello internazionale la conferma di un principio tanto semplice quanto spesso disconosciuto dalla comunità internazionale, attenta più alle dinamiche della politica che a quelle delle risorse umane: se io ho un euro e lo scambio con un amico, alla fine della nostra operazione avremo ancora un euro a testa. Se ho un'idea e la scambio con un amico, alla fine avremo invece due idee a testa. L'idea è cioè l'unica forma di economia in grado di generare valore aggiunto puro. Ed appunto grazie alle sue idee Bill Gates riesce ad essere oggi appena un posto più indietro rispetto a Sonia Gandhi, la intraprendente leader del Congresso indiano, e di molte posizioni più avanti di Nicholas Sarkozy e di Silvio Berlusconi, capi di governo iscritti niente meno che al G8. Ecco perché chi ha idee detiene un potere un po' potente, anche se meno visibile e universalmente riconosciuto, molto invidiabile, che prima o poi è destinato a pagare: anche se terreni più o meno fertili possono fare più o meno fortuna dell'intuito creativo.
Nell'ambiente sicuramente più delicato di tutti, quello della comunicazione aziendale in tempi di crisi, il primato dell'idea sulla produzione diretta è ancora più difficile da affermare. Per questo ho letto con particolare curiosità, direi anzi divorandone i capitoli, la grammatica di Luca Targa sulla sua esperienza in questo ambito. Considero Luca un produttore di buone idee, e quindi già per questo una mosca bianca, per rubare concetti e parole esposti in apertura del libro, ma soprattutto un tipo un po' originale: uno con le

sue idee e la sua determinazione nel metterle in pratica, difficilmente sceglie di farlo partendo da Ferrara, città in cui l'articolazione dello sviluppo economico è molto limitata e soprattutto la prevalenza dell'economia sulla politica è un dato ancora lontano da venire per motivi che sarebbe lungo esporre in questa sede. Per cui ho sempre pensato che un certo tipo di linguaggio, di esperienza e di impegno a Ferrara fossero davvero destinate ad una vita tutta in salita: cosa della quale resto convinto, ma proprio per questo la lettura della grammatica di Targa, dai colori diversificati del supermercato di famiglia per mettere a proprio agio il cliente al Communication Day, fornisca il meglio della didattica in qualunque campo. Ovvero la teoria costruita sulla pratica: non la solita esercitazione rigorosamente corretta ma avulsa dalla realtà e dalla sua applicazione, bensì il suo esatto contrario, ovvero la decodificazione di una prassi abituale, proprio per questo percepita come scarsamente teorizzabile, in materia d'insegnamento organizzata in modo sinottico e assieme sintetico.
Rubando ancora un aforisma tra i mille citati nel libro, diremmo che "Il miglior modo per imparare a fare una cosa è farla". Così Targa in queste pagine ne offre la riprova: dal campo alla teoria, il rovesciamento di decenni di istruzione top-down in Italia.

Corrado Piffanelli,
Responsabile di redazione de Il Resto del Carlino Ferrara

Un ringraziamento a tutto il team di Inside btb, in particolare a Lodovica Marabese, compagna di viaggio nella stesura di questo libro.

A mia mamma, a mio fratello,
ai miei nonni e agli amici perduti

Le virtù della mosca bianca

Identica
e così diversa
unica.
Votata
a non passare
inosservata.
Confondendosi nel candore dello zucchero
se ne beò.
Sfidando la paletta attonita
a lungo visse.

Anonimo

CAPITOLO 1

LIBERI...INSIDE

Il bambino che è in noi deve continuare a giocare

La mosca bianca è sinonimo di qualcuno o qualcosa che nel suo genere è una rarità. Essere "diversi", emergere, differenziarsi, non sempre indica emarginazione, allontanamento, paura. Essere una mosca bianca spesso è un privilegio di pochi.
La "mosca bianca" è magari quella che parla sottovoce in un groviglio frenetico e confuso di rumori e proprio perché stupisce il suo sussurro irreale, le si crea silenzio attorno.
Il mio professore di italiano delle medie sussurrava la lezione. Un filo di voce che inizialmente si dissolveva appena emesso, sopraffatto dai gridolini e dagli schiamazzi di una classe di pre-adolescenti irrequieti. Le ricordo ancora le nostre facce sbigottite di fronte ad un uomo che "*magari si aspetta che sappiamo leggergli il labiale. Che buffo... ma è matto? Cosa dice? Silenzio!!!! Cosa sta dicendo?...*"

E così senza accorgercene apprendevamo "I Sepolcri" di Foscolo. Tutti i messaggi hanno come fine ultimo il farsi ascoltare. Ma quanti arrivano davvero a destinazione?
Il messaggio della comunicazione d'impresa in particolare, che per sua natura dovrebbe obbligatoriamente riuscire a centrare l'obiettivo, quante volte davvero ci riesce e quante volte invece si confonde fra migliaia di altri messaggi, che raccontano gli stessi prodotti, con le stesse caratteristiche, con i medesimi prezzi? Quante volte ci si accontenta di fare come gli altri? Qualsiasi tipo di investimento in tal senso è un'offesa al prodotto/servizio "comunicato" e agli sforzi compiuti per realizzarlo.
Non esistono regole standard per comunicare. **A volte si tratta di osservare cosa fa il concorrente per NON imitarlo**.
È proprio perché non esistono regole standard che il mondo della comunicazione è costituito dai cosiddetti "creativi", quelli che per attitudine o per fortuna, sono riusciti a far sopravvivere la naturale predisposizione al sogno e alla fantasia che caratterizza l'infanzia.

Creatività d'impresa: un azzardo?

Parlare di creatività con un imprenditore può sembrare azzardato. Eppure il creativo non vive necessariamente sulle nuvole in un mondo tutto suo, inaccessibile al business. Il creativo in comunicazione è una persona che il business lo conosce, così come deve conoscere le dinamiche economiche ed aziendali.
Nel mondo della comunicazione il creativo viene spesso ricondotto a due sole figure: il "grafico" di professione che studia la comunicazione a livello di visual, immagine e il suo impatto emozionale sul pubblico di riferimento, e il copywriter che, invece, cerca la

parola giusta, la frase evocativa, lo "slogan" che rimanga scolpito nella mente. Entrambi, lavorando in stretto contatto, elaborano un messaggio complesso fondendo quindi immagini e parole, per stuzzicare una reazione emotiva che predisponga ad un desiderio, che stuzzichi un'azione di acquisto per la sua soddisfazione.
Tuttavia la creatività può esprimersi in diversi modi e contiene potenzialità infinite di crescita anche correlata al business, per chiunque sappia elaborarla in qualcosa di concreto trovando anche il coraggio di osare e di sfidare le consuetudini. L'imprenditore può essere un ottimo creativo e questo piccolo testo intende darne prova.
Credo che ogni essere umano sia un essere unico (per alcuni bisogna aggiungere per fortuna!), diverso da ogni altro, così come sono diverse le cose che fa, il modo in cui le esprime. Questa unicità ne rappresenta in fondo anche l'anima. Ogni attività imprenditoriale rispecchia in fondo l'anima del suo titolare. Per restare in tema di comunicazione, la funzione del creativo consiste spesso nello scovare questa unicità per assurgerla a significato di valore, qualcosa di prezioso che fa la differenza. Un significato che è quasi certamente impresso nel mare magnum di prodotti e servizi apparentemente uguali a tanti altri ma che esiste e che deve emergere per la sua peculiare caratteristica. La funzione del creativo è molto più difficile di quanto non si possa immaginare.
Non voglio dilungarmi in un inno all'originalità, omologando involontariamente un valore che per sua natura deve restare un "caso isolato". **Il mio è un "canto" alla creatività** applicata alla comunicazione d'impresa ma più in generale anche all'inclinazione ad innovare, elaborare idee nuove per superare difficoltà e momenti di crisi, ipotizzare scenari futuri sulla base di dati concreti, per riuscire a pianificare azioni previdenti nel presente.

Dalla creatività possono scaturire ricchezze inestimabili e affascinanti. *"La fantasia è più importante della conoscenza"*. Se lo diceva Albert Einstein...

Il coraggio di creare e di rischiare

Il presidente Geox, Mario Moretti Polegato, ospite al "Communication Day" da me organizzato nel 2006, agli inizi degli anni Novanta era presidente della terza generazione della prestigiosa azienda vinicola di famiglia "La gioiosa", produttrice di quel vino bianco frizzante che ci distingue in tutto il mondo: il Prosecco. Durante un viaggio in Nevada per promuovere il vino di famiglia, facendo trekking sulle Montagne Rocciose i piedi cominciarono a bollire per il caldo e si chiese se quella sofferenza fosse davvero inevitabile. Il senso comune avrebbe dovuto rispondergli che non c'era altra soluzione: vuoi fare trekking? Tieni conto anche del male ai piedi, del caldo e della sudorazione. Senza pensarci troppo però, Polegato, bucò le due suole di gomma con un coltellino tascabile. Anche in questo caso il senso comune lo avrebbe fatto passare per un eccentrico al limite della follia. Ma quando l'imprenditore si rese conto che quei buchi nelle suole lo facevano star meglio, decise di studiare scientificamente il modo di far respirare il piede attraverso le scarpe e così nacque la suola di gomma perforata, nella quale è inserita una membrana traspirante e impermeabile al tempo stesso. Ovviamente brevettò l'idea in cinque paesi diversi, convinto di vendere senza problemi la tecnologia. Aveva infatti dimostrato con la logica e la razionalità, attraverso la ricerca, che era possibile trovare una soluzione definitiva contro la traspirazione dei piedi. Quindi si aspettava un inevitabile successo. Invece nessuno gli diede retta. Non gli restò altra scelta che continuare a percorrere lui stesso quella nuova strada solitaria, spinto soltanto dalla sua determinazione e dall'idea in cui credeva. Da solo, contro il senso comune, vinse e cominciò a farsi strada in un periodo di forte crisi del settore calzaturiero, quando, secondo il parere condiviso, le imprese tendono a limitare gli investimenti, bloccare le assunzioni, frenare l'iniziativa privata, lasciando prevalere la paura [1].

Oggi Geox è testimonial in tutto il mondo di quanto sia importante capitalizzare. Se non avesse brevettato la sua idea oggi ci sarebbero forse tante scarpe con la membrana che respira ma nessuna identificabile per questa precisa peculiarità che ha reso Geox un marchio internazionale.

Trascorrere l'esperienza imprenditoriale in un limbo in cui ci si adatta e ci si accontenta di produrre o di proporre beni e servizio così come fanno i concorrenti, è uno spreco di energie ed una vera offesa alla scelta stessa di fare impresa, che comporta una quotidiana sfida al mercato, voglia di sperimentare e di dare vita alle idee apparentemente più improbabili, un complicato e per questo meraviglioso gioco di strategia che richiede coraggio, abilità ed estro creativo. "*La difficoltà non sta nel credere alle nuove idee, ma nel fuggire dalle vecchie*" (J.M. Keynes).

Questo libro non ha la presunzione di indicare nuovi scenari, orizzonti alternativi, colpi di genio spiazzanti nel variegato mondo

---

[1] Oggi Geox è presente in 68 paesi del mondo.
Il 60% del fatturato è realizzato all'estero, principalmente in Germania, Francia, Spagna.
Distribuisce i propri prodotti attraverso:
- oltre 10.000 punti vendita multimarca;
- 1000 negozi monomarca (Geox Shop).

della comunicazione intesa in senso lato. Racconta un'esperienza forse simile a tante ma comunque unica e vuole, nel contempo, rappresentare uno strumento utile a divulgare **la cultura della buona comunicazione professionale**, così da renderla riconoscibile in un contesto spesso nebuloso, fatto anche di figure improvvisate che privano del giusto valore un mestiere affascinante a molti ma non per questo meno complesso, che richiede preparazione, competenza, esperienza ed aggiornamento costante, così come tante altre professioni specialistiche.

Lo dedico a quei **giovani** che sentono di avere le idee confuse, che non sanno ancora cosa fare da grandi. A loro può essere utile sapere che io l'ho capito per caso, esperienza dopo esperienza, sfida dopo sfida, lentamente, accettando di apprendere giorno dopo giorno. Ogni volta che raggiungevo un traguardo me ne ponevo un altro, finché mi sono reso conto che non dovevo cercare la strada, la stavo semplicemente costruendo.

Lo dedico agli **imprenditori**, perché può essere utile convincersi, per chi ancora non lo fosse, che la creatività non è un concetto astruso ed estraneo alla parola profitto. A volte c'è bisogno anche di molto coraggio, della capacità di prendere le distanze dal "senso comune", quel vasto ambito di giudizi etici e pratici, di convenzioni sociali, che dettano delle regole stabilendo a priori che esse sono corrette.
Socrate (e non vogliatemene se tiro in ballo addirittura un filosofo!) cercò di sfatare la teoria del senso comune, per insegnare agli uomini a ragionare con la propria testa, senza assorbire le regole esterne dando per scontato che siano quelle giuste. Il filosofo dimostrò che "*un'affermazione è vera solo se il suo contrario non*

può essere dimostrato" ma fu costretto a bere cicuta per restare fedele al cosiddetto principio dello "scetticismo intelligente": dubitare di una regola imposta, per dare vita ad un'alternativa plausibile e fondata su un pensiero logico.
Bisogna quindi rischiare la vita o essere scambiati per matti pur di restare coerenti con le proprie convinzioni? Certo che no, ma qualche rischio si deve correre.

CAPITOLO 2
A PICCOLI PASSI

Apprendere: imperativo imperante

Colin Powell un giorno affermò: "*Non ci sono segreti per il successo. È il risultato di preparazione, duro lavoro ed apprendimento dai fallimenti*". Beati i fallimenti quando, nel buio pesto in cui ci precipitano, sanno aprire un piccolo spiraglio di luce, che ci indica la nuova strada da seguire.
Alla domanda: "comunicatori si nasce o si diventa?" rispondo: "si nasce ma non *imparati*. Quindi lo si diventa accettando di apprendere". Fare un bagno di umiltà quando si è consapevoli di essere agli esordi in un qualsiasi contesto, è utile se non indispensabile, senza però dimenticare di pensare in grande. Essere consapevoli dei propri limiti va bene, ma solo per poterli superare. **La sana ambizione non è una perversione, è uno stimolo a progredire e non cozza necessariamente con il concetto di umiltà**.

Riassumendo tutto il mio percorso professionale, non ci trovo nulla di male a definirmi un **"mestierante"**, provando addirittura un pizzico di soddisfazione. In fondo lo diceva perfino Aristotele: "*Ciò che dobbiamo imparare a fare lo impariamo facendo*". Ed è proprio così. Non avevo scelto di fare il comunicatore, almeno non razionalmente. Ho vissuto giorno per giorno finché la mia professione mi ha trovato, potrei dire rapito.

La vendita: prima "illuminazione"

Vendita che brutta parola. Il modo in cui certi termini assumono accezioni differenti con il trascorrere del tempo, è una delle prove più significative dell'evoluzione costante della società. La parola venditore si è "involgarita". Dire venditore al giorno d'oggi equivale quasi alla parola "imbroglione", qualcuno che non si fa riguardo dell'etica e della morale ma bada al sodo o meglio al soldo. Eppure ogni giorno ognuno di noi cerca di proporsi e quindi di "vendersi" al meglio. Ogni giorno cerchiamo di convincere gli altri del nostro valore, sia nel lavoro che nei rapporti privati. Oggi il venditore è "bandito" oppure è un bandito. Questo termine è stato sostituito con altri come promoter o commerciale incaricati, volenti o nolenti, di dare dei risultati attraverso l'incremento delle vendite. Perché girarci attorno? Considero questa tendenza a nascondere il vero significato delle parole con altre apparentemente più "nobili", come l'emblema del buonismo dilagante che si è ormai affermato nella quotidianità di ognuno di noi. In tv, sui giornali e nella vita sociale, una tendenza che mal si adatta alla volgarità troppo spesso espressa attraverso le parole, la gestualità, le ingiurie che personaggi più o meno famosi si scambiano sui mass media, traducendosi nella vita reale in comportamenti altrettanto poco virtuosi fra la gente comune. Eppure in tutto questo caos di aggressioni verbali e non solo, di cui siamo spesso testimoni oculari, nessuno vuole più ammettere di essere un venditore. Tuttavia, perché un'azienda esiste se non per vendere e fare profitto?

Io ho iniziato il mio percorso professionale come venditore e credo di essere stato un buon venditore. Sono convinto che vendere sia **un'arte** che non richiede per forza genio ma sicuramente un mix di intuizione e buon senso.

Agli inizi degli anni Ottanta ero in pieno fermento giovanile. Appena diplomato e con mille idee piuttosto confuse nella testa. Era anche il periodo in cui i primi amori mi si rivelavano come emozioni indimenticabili, sognavo le macchine sportive e il mio futuro roseo, agiato, da uomo affermato e soddisfatto di se stesso. Avevo ancora un bel po' di sudore da versare, errori da commettere e scommesse con me stesso da vincere e la sfida rimane tuttora aperta.

Il mondo era in fermento così come sempre. All'epoca la Guerra Fredda minacciava la nostra serenità quotidiana, con il rischio sempre imminente di un disastro nucleare e al telegiornale raccontavano di un'Italia sempre un po'in bilico: ondate di maltempo si intercalavano con problemi politici, delitti mafiosi, processi contro la Camorra, scontri diplomatici e gravi incidenti negli stadi. Sì, parlo di più di vent'anni fa.

Mio padre era all'epoca titolare di una catena di alimentari all'ingrosso. Fui inserito nell'azienda ed introdotto all'**"Arte della vendita"**. Qui ebbi la mia prima illuminazione: vendere mi veniva facile. Avevo un'abilità innata e soprattutto mi piaceva. Intrecciavo relazioni e rapporti confidenziali con i miei clienti.

Molti di loro divennero amici, mi invitavano a pranzo, raccoglievo storie di vita, sfoghi e racconti al limite della comicità.
Ho descritto in queste poche righe quello che credo nessun corso possa davvero insegnare: **come si fa a vendere**. Si è portati oppure no. Chi sente di avere la "vocazione" deve perfezionarne le tecniche, ma chi non ce l'ha deve assecondare altre naturali inclinazioni. Nessuno ne è privo.
Ma se dovessi indicare alcuni metodi o suggerimenti direi che, per saper vendere occorre avere:

SPIRITO D'OSSERVAZIONE. Il cliente va osservato, così come il luogo in cui opera e agisce. Nel mio caso era inevitabile guardare gli scaffali, scovare i punti vuoti, focalizzarmi quindi sui bisogni anche se non espressamente richiesti. Coprire quei vuoti con i miei prodotti. Attuavo, nel mio piccolo, l'azione di ANTICIPARE I BISOGNI dei clienti. Ogni volta che facevo visita al negoziante, incameravo tutte le informazioni che riguardavano la scorta del suo negozio. Col tempo imparai a prevedere quale prodotto avrebbe venduto maggiormente e in che periodo dell'anno e mi preoccupavo quindi di suggerirgli l'ordinativo prima ancora che lui lo facesse. Si tratta ovviamente di una pratica che presuppone alla base l'esistenza di un rapporto di fiducia, che il venditore deve guadagnarsi sul campo. Oggi, questa forma di anticipazione dei bisogni viene estesa su più ampia scala grazie all'Information Technology.

CAPACITÀ D'ASCOLTO. Significa sentire davvero cosa dice l'interlocutore, cosa gli serve e cosa potrebbe essergli utile pur non essendone apertamente cosciente. Ascoltare significa anche afferrare cosa si nasconde dietro le parole: capire se l'esaltazione di un prodotto concorrente altro non è che una tattica per scoraggiare l'approccio alla vendita, oppure se dietro un sorriso si cela apertura o distacco. Ascoltare significa inoltre ricordarsi che stiamo parlando con una persona. **L'esperienza umana della vendita è molto più preziosa di quanto lo sia uno sterile commercio finalizzato a se stesso**.

CONOSCENZA. Avere le idee ben chiare sul prodotto e il mercato di riferimento, in modo da affrontare eventuali obiezioni senza titubanze e non apparire impreparati e poco convincenti.

ABILITÀ DI INDAGINE. Tenere gli occhi aperti sugli "avversari", conoscerne addirittura i listini, le mosse e cercare di anticiparli. Insomma diventare una sorta di 007 del settore e provare un sano cruccio se il venditore "concorrente" arriva prima di noi. È un gioco di azione e di strategia, in cui la voglia di vincere è supportata da una leale e naturale predisposizione alla sfida.

CAPACITÀ DI ANALISI. Le informazioni da sole non bastano se non vengono accompagnate da una capacità di elaborazione e di analisi utile ad individuare, anche in una situazione apparentemente negativa, un motivo di forza da trasformare in opportunità. La famosa storiella dei due venditori di scarpe è significativa al riguardo: "*i due venditori si recano in Africa e dopo aver osservato la realtà circostante inviano all'azienda un commento relativo al mercato di riferimento cui sono stati inviati. Il primo afferma che non vi è nessuna possibilità di espansione perché in quel posto nessuno porta le scarpe. Il secondo, con entusiasmo, comunica che le prospettive sono ottime: lì nessuno porta le scarpe e dunque l'azienda sarà fra le prime a creare il mercato*".

Osservare le cose per come sono, non aiuta ad individuare l'opportunità, si deve guardare alle cose per come potrebbero essere.

Sapevo che essere figlio del titolare poteva costituire una sorta di biglietto da visita importante. Con il suo cognome avrei potuto essere agevolato, le porte mi si potevano aprire con più facilità. Forse. Perché in realtà avrei dovuto dimostrare di più: proprio perché partivo in vantaggio, superare la soglia del pareggio era diventato un imperativo. Volevo dimostrare che quel margine di distacco era puramente il frutto della mia caparbietà e del mio impegno. Dipendeva solo da me.
Così capitò spesso che partissi in viaggio premio e che ne fossi davvero orgoglioso.
Mi piaceva vendere. Vivevo il lavoro come una sfida quotidiana. Lo sentivo nella pancia. Mi insegnavano ed io apprendevo attingendo anche dalla mie inclinazioni individuali, cucendomi in tal modo addosso un mestiere come si fa con un abito di sartoria. Di tutta la gente che conoscevo, di tutte le cose che apprendevo e le esperienze che vivevo, selezionavo ciò che mi sembrava migliore, me ne appropriavo, lo assimilavo e lo combinavo in una soluzione originale, che dava forma e consistenza alla mia essenza e alla mia personalità. Senza rendermene conto costruivo ciò che volevo diventare e ancora lo faccio. Perché la strada non finisce mai.

I supermercati fanno scuola

Pochi giorni fa passeggiavo all'interno di un supermercato. Dovevo studiarlo, analizzarlo dal punto di vista dell'immagine, proporre una nuova veste più accattivante del punto vendita. Dopo tanti anni entravo per la prima volta in un supermercato senza il pensiero dell'acquisto. Mi tornarono in mente molti ricordi dei miei primi passi nel mondo del lavoro.
Avevo appreso, dietro il bancone delle carni, come si tagliano, come si servono, quali sono i margini di vendita. Dietro il bancone del pane, avevo imparato i tipi di lievitazione, le varie qualità e l'approccio coi clienti. Attraverso le corsie costruite da quei lunghi scaffali, mi chiedevo come perfezionare la collocazione dei prodotti, come comunicarne più chiaramente il prezzo, come aumentare le vendite. Si manifestò in questo modo una nuova esigenza: rispondere a tutte queste domande e compiere un altro passo verso la conoscenza...

Curiosità: breve storia dei supermercati.
La nascita del primo supermercato viene generalmente fatta risalire al 1930, con l'apertura del primo punto vendita della King Kullen negli Stati Uniti. Prima, nel 1852, con Aristide Boucicaut, avviene la prima rivoluzione con la comparsa dei grandi magazzini. In Francia, nel 1934 fanno la loro comparsa i "magazzini popolari". In Italia i supermercati non comparvero prima del 1957 quando a Milano venne aperto il primo punto vendita di una catena di GDO in Viale Regina Giovanna. La società si chiamava Supermarkets italiani, oggi meglio nota come Esselunga. Ma soltanto negli anni Settanta il carrello della spesa comincia ad entrare nelle abitudini degli italiani e la provincia come sempre, dovette attendere altri dieci anni, prima di essere investita da questo fenomeno che rivoluzionerà i consumi e le abitudini degli italiani. In un certo senso si rinunciò al rapporto umano e diretto tra il cliente e il negoziante, favorendo i consumi, la varietà di scelta che dava un nuovo senso di libertà.
Nel 1965 nacque il primo ipermercato.

Tutto iniziò quando in famiglia decidemmo di allargare la nostra sfera di azione imprenditoriale, trasformandoci da grossisti a dettaglianti con l'apertura dei nostri primi supermercati.
Fu inevitabile per me, che ero il più giovane, seguire un percorso impegnativo di formazione. Questi punti vendita si stavano espandendo proprio allora anche in provincia ed era indispensabile conoscerne le dinamiche e l'organizzazione.
Frequentai corsi di formazione alla Bocconi, Master sulle tecniche gestionali e di vendita nei supermercati.
In questo periodo ho imparato molto sul visual merchandising, sulle numerose forme di comunicazione e di promozione dei prodotti, sulle tecniche espositive, oltre che su tutti gli aspetti organizzativi e gestionali del punto vendita.
È stato attraverso questa esperienza, fondamentale nel mio percorso professionale, che ho appreso l'importanza del **concetto di unicità**. Nacque da una "difficoltà" che mi imposi di superare. Ma Oscar Wilde affermava che "*dove c'è una grande volontà non può esserci una grande difficoltà*" ed io ero animato dall'entusiasmo di un giovane che vuole arrivare al traguardo. Fu un periodo di grandi soddisfazioni e soprattutto di proficue esperienze, molte delle quali scaturite proprio dagli ostacoli incontrati.

Aprire un punto vendita: difficoltà e soddisfazioni

Prima di concretizzare la costruzione fisica di un punto vendita e di procedere con lo sviluppo e la gestione dello stesso, è inevitabile incappare nella grande macchina burocratica, un vasto mare sconosciuto in cui si corre costantemente il rischio di perdersi, scoraggiarsi, deprimersi e sognare di mandare tutto all'aria volando

di punto in bianco nella classica isoletta dei Caraibi: sabbia bianca, felicità, ritorno alle cose semplici, vivere di pesca o gestendo un chiosco (con la presunzione di pensare che si tratti di attività così banali da essere alla portata di tutti).
Nonostante tutto, cominciò la rincorsa alle autorizzazioni amministrative e un "tribolato" percorso ad ostacoli, per il superamento di perverse dinamiche di natura locale, regionale, economica e spesso anche politica. La macchina burocratica nella sua complessità appare comunque ben oliata. Un così intricato groviglio di nodi da sciogliere, che sembra appositamente studiato e generato dalla mente di un subdolo, geniale, organizzatore.
Quando finalmente l'idea del supermercato si trasformò in realtà, iniziò un'altra fase non certo meno dura e impegnativa. Bisognava impostarlo: scegliere e ordinare le attrezzature di vendita, realizzare e organizzare le corsie, studiare il posizionamento di speciali reparti, soprattutto quello del freddo. Per ogni reparto occorre definire l'ottimale lineare espositivo, scegliere l'assortimento dei prodotti, il numero dei ripiani degli scaffali, personalizzare il punto vendita. Giunto a questo punto per me scattò l'innamoramento: scegliere il tipo di materiali, i colori, forma, larghezza, profondità e altezza degli scaffali, studiare il lettering dei messaggi promozionali, disporre i prodotti e cercare il modo di "farli parlare", per catturare il cliente e farlo sentire sollecitato e contento, si rivelò un'attività appassionante.
Volevo che l'atto dell'acquisto nel punto vendita si rivelasse un'esperienza felice e che il cliente seguisse l'istinto di scegliere ogni volta il nostro supermercato, fra le alternative esistenti.

La concorrenza esiste davvero?

La mia famiglia ed io fummo fra i primi ad aprire supermercati in provincia ma la concorrenza già esisteva: Esselunga e Coop erano fra i pionieri del settore. Mi imbattei immediatamente nella necessità di differenziarci. Dovevo fronteggiare la forza di questi indiscutibili colossi della GDO. "*Esselunga prezzi corti*". La nostra catena di supermercati fu battezzata "*Tutto Sconto*".
Così, come avevo appreso facendo il venditore, continuavo ad osservare i concorrenti. Come promuovere il punto vendita? Come pubblicizzarlo?
I miei concorrenti non erano solo avversari ma fonti importanti da cui attingere, per combinare fra loro tante idee creative e realizzarne una soltanto, unica, originale che rappresentasse lo spirito e la natura alternativa della catena che avevo contribuito a realizzare.
La concorrenza non esiste per davvero, se si ha il coraggio e la personalità di creare nuove nicchie di mercato, indirizzare il proprio ambito di intervento verso target differenti, rispondendo a bisogni ed esigenze alternative [2].
Il discount ad esempio è nato per servire una fetta di mercato ben precisa. È leader sul mercato per un target di riferimento specifico, che pone richieste di risparmio e di economicità dei prodotti più pressanti. Altre catene della GDO si sono caratterizzate per attrarre fasce di pubblico diverse.

---

[2] Secondo la teoria mirabilmente espressa nel libro "Oceano blu – Vincere senza competere" (di W. Chan Kim e R. Mauborgne, casa editrice Etas, giugno 2005) si può superare il concetto di concorrenza se si ha il coraggio di osservare oltre ad essa, individuando segmenti di mercato nuovi, terreni non ancora battuti da altri. Questo è il segreto della parola innovazione.

Esselunga ad esempio ha puntato su un target particolarmente attento alla freschezza e alla qualità, anche se meno conveniente dal punto di vista economico rispetto all'offerta del discount e quindi anche l'investimento in comunicazione ha come scopo quello di rinforzare questo fattore differenziante. Discount e supermercati come Esselunga non sono in concorrenza.
Rispondono semplicemente alle diverse esigenze di differenti target.
La più bella pubblicità fatta dalla GDO è, a mio avviso, proprio quella di Esselunga del 2001.
L'ironia che predispone alla leggerezza, veniva utilizzata per trasmettere un messaggio assolutamente serio indirizzato a sottolineare che ad Esselunga si acquistavano prodotti "nobili", appartenenti alla "élite" del comparto alimentare e quindi qualitativamente garantiti e sicuri. Le affissioni avevano come protagonisti i prodotti della terra, che assumevano le sembianze e i nomi riconducibili a famosi personaggi storici e dello spettacolo, facilmente riconoscibili da chiunque: John Lemon, Pompelmo di Scipio, Van Coc, Ponzio Pelato e Fico della Mirandola, garantivano al cliente la qualità del prodotto, strappandogli un sorriso.

Lo stesso concetto dell'importanza di differenziare la propria comunicazione ed identificare target e nicchie di mercato alternativi vale ovviamente per tutti i settori economici. **Anche le piccole o medie imprese, dovrebbero avere coscienza della propria personalità, costruirla, accettare la "concorrenza" e analizzarla, non per combatterla ma per neutralizzarla, individuando nuovi mercati in cui far breccia**.

Per distinguerci rispetto alla concorrenza, per i nostri supermercati "Tutto Sconto", mi concentrai sul comparto del fresco, differenziandolo per colore: il reparto del pesce era azzurro, verde quello dell'ortofrutta, rosso quello delle carni, giallo la gastronomia, nocciola la panetteria. Tutto il punto vendita era variopinto, dai reparti alle locandine agli shopper, agli scaffali, e questo non solo facilitava l'orientamento del consumatore fra quelle lunghe file di scaffali ma predisponeva alla leggerezza e all'allegria.
Anche per le promozioni avevo previsto una divisione per classe merceologica ed ognuna di esse aveva una propria caratterizzazione. Oltre a questo, sulla base della conoscenza del tessuto sociale in cui operavo, rilevavo che i consumatori a cui i nostri punti vendita si rivolgevano avevano una lunga tradizione collegata alla lavorazione e al consumo della carne. In quasi tutte le famiglie, nella civiltà contadina veneto-emiliana, ogni anno a ridosso del Natale si uccideva il maiale, si producevano gli insaccati, le bistecche, la salama da sugo, le salsicce... Questo avvenimento si trasformava in una vera e propria festa, una specie di rito vissuto con intensità e gioia dalla comunità. Ma non solo, da sempre le famiglie erano abituate a fare acquisti nelle piccole botteghe di paese, dove il rapporto con il commerciante era rassicurante, basato sulla spontaneità, la fiducia e il dialogo. Pensai quindi che fosse interessante proporre al pubblico a cui mi rivolgevo, un "ritorno alle radici" che l'arrivo dei supermercati aveva declassato a ruolo di "tradizione". Per far sentire maggiormente a proprio agio le persone che fino a poco tempo prima avevano avuto come riferimento prioritario per i loro acquisti le piccole botteghe di paese ed ora invece si perdevano fra gli scaffali di enormi supermercati, pieni di tutto ma privi di "umanità", individuammo all'interno del punto vendita il comparto della macelleria come

l'elemento differenziante rispetto agli altri punti vendita, reintroducendo la figura del macellaio di fiducia. La carne a "Tutto Sconto" non era preimbustata, c'era qualcuno dietro al bancone che, sorridendo familiarmente, la tagliava davanti agli occhi del cliente, lo consigliava, dava utili suggerimenti per le ricette, ricreava la calda atmosfera di fiducia di un tempo, attutiva quel latente senso di nostalgia che si snodava silenzioso fra i lunghi corridoi carichi di prodotti solitari, fissi lì ad aspettare che qualcuno riservasse loro un po' di attenzione.

La solitudine del prodotto (nasce il merchandising)

Con la comparsa dei primi grandi magazzini e poi dei supermercati, si verificò una vera e propria rivoluzione dei consumi. Il prodotto cambiava posizione. Non più dietro il bancone del negoziante ma a portata di mano del cliente che lo prendeva personalmente porgendolo al commesso soltanto per pagarlo. Il servizio diventava libero. L'atto d'acquisto veniva estremamente semplificato. Il prodotto rimaneva da solo, sopra uno scaffale, confuso tra altri prodotti analoghi. Non gli rimaneva altro che imparare a sapersi vendere, senza intermediazioni. Fu questa la "triste" circostanza che portò allo sviluppo di una nuova scienza della comunicazione conosciuta con il termine di **merchandising**. Prodotto e consumatore si trovarono faccia a faccia. Entrambi soli.

Il prodotto, consapevole di non avere più intermediazioni orali, dovette studiare nuove strategie per colpire l'attenzione e farsi acquistare. Aveva tante più possibilità di essere scelto quanto più fosse noto, identificabile, trasparente nell'informazione, economico ma

soprattutto posizionato nel posto giusto. Il consumatore ebbe l'improvvisa sensazione di operare in assoluta libertà la sua scelta all'acquisto. Non riconosceva ancora in quelle strategie le forme di condizionamento cui veniva sottoposto e, se anche le avesse identificate, poco importava. L'ampia libertà di scelta, la sensazione di poter accedere così facilmente a quei beni, costituiva un nuovo motivo di felicità. L'acquisto non soddisfaceva più soltanto un bisogno di sussistenza. Cominciavano ad apparire all'orizzonte i *bi/sogni*, la necessità e la possibilità di esaudire i desideri che nascevano dalla visione di quegli stessi prodotti.
Al termine "merchandising" sono state spesso associate numerose definizioni, che hanno generato una grande confusione. La parola identifica tutte quelle azioni, attività, tecniche, dirette o indirette, sviluppate per facilitare l'acquisto del prodotto. Questo termine non si riferisce soltanto allo studio della confezione, del packaging, delle strategie di esposizione ma include questi aspetti all'interno di un processo di comunicazione più ampio, che comprende anche la pubblicità, le attività promozionali, l'esposizione del prezzo, i concorsi a premi, ogni azione studiata e realizzata in funzione di un unico obiettivo: favorire il movimento della merce verso il consumatore, incoraggiare il processo di acquisto.

L'araba fenice. Dalla delusione la consapevolezza di nuovi orizzonti

Agli dei parve opportuno che il dolore seguisse, come compagno, al piacere (Plauto).

Nel giro di pochi anni avevamo avviato nove supermercati "Tutto Sconto" in provincia. Sentivo mio ogni metro quadrato di quelle strutture. Erano state testimoni di un impegno ostinato e costante, erano il frutto di un grande entusiasmo e di un enorme sforzo e rappresentavano un mio motivo di soddisfazione e di orgoglio.

Ma si sa che non sempre le cose vanno per forza nella direzione che ci aspettiamo.
Agli inizi degli anni Novanta la mia famiglia decise di vendere l'azienda. Nonostante si fosse trattato di un'operazione fortunata dal punto di vista imprenditoriale e commerciale, fui travolto dalla delusione. Una parte di me moriva. Una parte importante, in considerazione del fatto che la decisione di vendere fu presa senza considerare il ruolo attivo che ebbi nel processo di crescita dell'attività della mia famiglia. Purtroppo, in questa scelta drastica, non avevo voce in capitolo, anche perché non avevo poteri societari. Quel momento rappresentò per me un vero trauma, vissuto con forte frustrazione anche perché compiuto da persone in cui avevo riposto la mia totale fiducia. Avevo adorato il mio lavoro fin da subito, avevo creduto di costruire un grande valore in funzione del bene della mia famiglia e del mio futuro e davo per scontato che lo stesso valesse per loro. La ferita è ancora aperta. Non fu facile accettare la nuova situazione ma dopo aver superato lo stordimento e l'immenso dolore di quell'esclusione, decisi che dovevo sforzarmi di scorgere oltre quella delusione una nuova opportunità. Ero affranto, avvilito ed esausto. Dovevo a tutti i costi "resuscitare" per non perdere me stesso dietro il rancore e il dolore.
Gli anni seguenti mi videro impegnato in una lunga serie di

esperienze in giro per l'Italia come direttore marketing di importanti aziende nazionali. Ebbi così modo di conoscere da vicino la realtà organizzativa e creativa di grosse agenzie di pubblicità nelle più grandi città italiane. Ne rimasi così affascinato che potrei identificare in questa esperienza il momento cruciale della mia "seconda illuminazione" e quella immensa delusione ne costituì il primo passo. Il passo successivo, a distanza di anni, quando ormai sentivo di possedere esperienza e competenza sufficienti, fu quello di aprire la mia agenzia, la mia piccola "boutique creativa", così come in tutti quegli anni era andata focalizzandosi nelle mie aspirazioni. Una piccola realtà imprenditoriale che dipendeva soltanto da me, che sarebbe cresciuta con me ed eventualmente si sarebbe conclusa per mia sola volontà o sfortuna, senza che qualcuno interferisse.
Con l'entusiasmo che sempre mi ha caratterizzato, mi buttai a capofitto in questa nuova "avventura". Lavoravo sodo ed ebbi la fortuna di avere al mio fianco persone che credevano in quel progetto tanto quanto me, persone che avevano fiducia in me, che si alzavano all'alba e che tornavano ad ore improbabili senza fermarsi di fronte alla pioggia, alla nebbia, alle naturali difficoltà di un mestiere sempre a contatto con un pubblico variegato, che andava capito, ascoltato, guidato, richiedendo a volte grande autocontrollo e determinazione. Le soddisfazioni non tardarono ad arrivare. Il mercato non era ancora saturo, l'economia era vivace e molte imprese erano ancora strutturate e forti. Il florido momento economico, l'entusiasmo e la serietà rappresentarono il terreno fertile da cui germogliarono molte soddisfazioni, concretizzatesi in decine di Premi e segnalazioni a conferma della validità, dell'originalità e della professionalità delle proposte creative e strategiche di comunicazione che sapevamo offrire ai clienti.

CAPITOLO 3
COMUNICATORE E IMPRENDITORE

Una piccola boutique creativa di provincia

Scelsi Ferrara per motivi essenzialmente personali. Provenivo però da esperienze milanesi, bresciane, padovane, vissute in contesti particolarmente dinamici e stimolanti, in cui confluivano importanti budget destinati alle attività di comunicazione e marketing.
Piccole e grandi agenzie di comunicazione sono mondi paralleli, che difficilmente possono incontrarsi e capirsi.
Scegliere una città di provincia mi ha messo di fronte alla consapevolezza delle numerose difficoltà e dei rischi che questo comporta ma ho preferito in fondo la libertà di indirizzare le mie energie nella realizzazione di un'agenzia di comunicazione così come l'ho sempre intesa: una piccola boutique creativa dove si lavora su progetti magari meno ambiziosi dal punto di vista economico ma dove il fattore umano è fondamentale, i feedback rimbalzano più velocemente. Queste caratteristiche sono fondamentali quando

si lavora soprattutto per un tessuto economico fatto di piccole e medie imprese.

Le grandi agenzie di comunicazione in Italia lavorano in fondo per delle “élite” imprenditoriali, ma la vera economia nazionale, come è noto, la fa la piccola e media impresa, che rappresenta il 90% del nostro tessuto imprenditoriale.

In una città di provincia difficilmente si parla di grossi budget per la realizzazione di una campagna di comunicazione e di uno spot pubblicitario. Spesso gli imprenditori sgranano gli occhi di fronte a cifre che, confrontate con le agenzie delle metropoli, non coprirebbero neppure le spese per un decimo della stessa proposta creativa. Le difficoltà indubbiamente non mancano e sono riconducibili a diverse cause:

La propensione di molte imprese a credere che comunicare sia facile: il fatto che si tratti di un bisogno primario a volte rappresenta un elemento a sfavore per il professionista. L’importanza e la necessità di comunicare spesso viene percepita istintivamente, a livello inconscio e per questo fatica ad emergere razionalmente. L’agenzia deve accollarsi il compito di generare una cultura della comunicazione.

I budget non sono ai livelli delle grandi agenzie: la creatività, le idee e le strategie devono tenerne conto. Creare con poco comporta uno sforzo molto più impegnativo ma a volte è molto più edificante.

Le imprese di piccole dimensioni si sono “costruite da sole”: occorre generare un forte clima di fiducia fra l’agenzia e il titolare, generalmente abituato ad affrontare autonomamente problematiche e a trovare soluzioni.

Le aziende di vaste dimensioni spesso si affidano ad agenzie

analoghe ma, come si direbbe in pubblicità, per fare una grande comunicazione non sempre serve un'agenzia grande ma una grande agenzia e questa può essere anche di ridotte dimensioni. Dovendo interagire in particolare con un tessuto economico prevalentemente di piccole e medie imprese, va detto che la "piccola" agenzia che avevo costituito poteva contare su alcuni vantaggi: le pmi si sentono più sicure affidandosi alle agenzie di piccole dimensioni, sono più sensibili, flessibili, capaci di interagire con l'azienda e quindi di assorbire il clima aziendale condividendone obiettivi e filosofia.
Molte volte mi capita di essere chiamato da aziende di dimensioni medio/grandi, alcune delle quali anche quotate in borsa.
In questi casi, il budget è consistente, così come il programma di comunicazione che richiedono. Più volte ho chiesto loro per quale motivo avessero scelto una piccola agenzia e quasi sempre la risposta è stata univoca: a loro non interessa essere l'ultima ruota del carro per una grande agenzia, spesso serviti da junior account senza esperienza, dove il loro budget serve per pareggiare i costi del toner delle stampanti; ciò che vogliono è essere il migliore cliente per una piccola/media struttura specializzata in comunicazione.
Un imprenditore che opera nel settore della comunicazione non è diverso da qualsiasi altro imprenditore, eppure, più di ogni altro deve conoscere le dinamiche economiche, i processi di produzione e di organizzazione d'impresa. Deve ogni volta entrare in azienda in punta di piedi, e diventare parte attiva di un ingranaggio già oliato, senza che la sua presenza venga percepita come un elemento estraneo ma come una componente che ne rinforza l'operosità. Bisogna essere disponibili a cogliere appieno la visione del titolare ma anche quella del suo dipendente, così da

avere un'idea complessiva e precisa della realtà aziendale. Una piccola agenzia di pubblicità deve lavorare "dall'interno", opera generalmente su piccoli budget con i quali deve pianificare una vasta gamma di attività di comunicazione. Cosa ben diversa dalle grosse agenzie che spesso, con budget molto più elevati compiono un'unica azione: lo sviluppo di una campagna pubblicitaria, che, talvolta, comporta anche molti sprechi.
Non è facile quindi lavorare nel campo della comunicazione ma è facile amare questo mestiere, che permette ogni volta di vivere un'esperienza imprenditoriale diversa, che richiede la capacità di essere un po' trasformista, riconvertendosi in settori merceologici differenti e per ognuno di essi elaborare una comunicazione strategica, specifica. È un po' come tagliare e cucire un vestito su misura, così come fa un sarto ed ogni volta è una magnifica sfida.

Comunicare: esigenza ancestrale, primaria e... difficile

Un'agenzia che lavora con le piccole e medie imprese in un contesto provinciale è tenuta a ricordarsi sempre che la parola "comunicazione" è un termine che per molti significa tutto e niente. Sentiamo la necessità di esprimerci e di tirar fuori il meglio di noi fin dalla nascita, ancora prima di pronunciare le prime parole. È qualcosa di naturale: noi dobbiamo farci capire. La comunicazione è parte integrante della nostra vita quotidiana: dai rapporti professionali alle relazioni personali. Ci viene così facile esprimerci che sembra impossibile a volte, che possa esistere chi lo fa per professione e quindi, spesso succede che molte aziende sono portate a pensare che per sviluppare le attività di comunicazione,

promozione, pubblicità, si possa prescindere dall'affidarsi ad un professionista.
La stessa predisposizione a fare business, a fare impresa, è insita nell'indole di alcune persone eppure non si può certo dire che l'impresa di cento anni fa fosse strutturata e complessa come quella d'oggi. Fare impresa era un processo più semplice, più intuitivo, più naturale, così come lo era in origine la necessità di comunicare.
Se si è evoluta l'impresa in un sistema complesso come quello che conosciamo, che richiede del personale preparato e competente, aperto al nuovo, vigile in materia di normativa e di fisco, di qualità e di sicurezza, personale che prima poteva avere la quinta elementare, poi almeno la quinta superiore e che adesso spesso deve possedere almeno una laurea o un master, è naturale comprendere come anche il processo di comunicazione, apparentemente così intuitivo, necessiti di un adeguamento ai nuovi standard socio-economici in cui l'impresa lavora.

Anche la pubblicità esiste da sempre. La storia insegna. Basta fare una passeggiata lungo le vie di Pompei. Ancora oggi si possono vedere chiaramente le insegne dei negozi dipinte sui muri, i manifesti elettorali che promuovevano questo o quel candidato. Perfino chi svolgeva il "mestiere più antico del mondo" indicava i prezzi e le vie in cui recarsi per usufruire di quella conveniente prestazione... Certo, la pubblicità si adattava alle esigenze della popolazione: gran parte della gente era analfabeta e allora ci si avvaleva delle immagini e dell'espressione figurativa, così come faceva la Chiesa per diffondere le storie del Vangelo.
Anche l'utilizzo del marchio era frequente. Su certi vasi in epoca romana e ancora prima, si possono ancora trovare simboli, segni,

iniziali della bottega di provenienza: il marchio. Per secoli inoltre, ebbe indubbio successo la figura del banditore. Quest'uomo si recava nelle vie e nei luoghi più battuti e affollati e a suon di tamburo attirava l'attenzione urlando "Udite, udite, udite!". La gente si fermava e tutto attorno si faceva silenzio.
Facile la pubblicità quindi. Certo, quando tutto era più semplice, meno strutturato e complesso. La società cambia e con essa la pubblicità e il modo di comunicare un prodotto o un servizio. A quel banditore se ne aggiunse un altro, poi un altro e poi un altro ancora. Tutti gridavano a squarcia gola e non si capiva più niente. Qualcuno trovò un sistema alternativo di farsi ascoltare. Gli altri lo imitarono e qualcun altro dovette studiare un metodo diverso ancora. Inevitabilmente, qualsiasi cosa subisce un processo di trasformazione, anche la comunicazione.
Tra progresso tecnologico e progresso umano c'è sempre stato un rapporto reciproco: l'uomo si evolve e cambia la tecnologia, che evolvendosi a sua volta, cambia l'uomo. L'avvento della "società liquida" [3] ha frammentato ogni elemento delle attività dell'uomo in tante piccole parti, per cui risulta sempre più difficile andare a individuare i target di riferimento nei posti dove consumano informazioni e in cui si intrattengono: il cinema, la televisione, Internet, il cellulare, l'i-pod.

---

[3] Il concetto di "società liquida" è stato elaborato dal sociologo britannico Zygmunt Bauman. Nel tentativo di spiegare la società postmoderna, utilizza le metafore "liquida" e "solida" per riferirsi alla modernità. La società liquida è caratterizzata da un alto grado di incertezza, derivante dalla trasformazione dei suoi protagonisti da produttori a consumatori. Il costante aumento di insicurezza a cui siamo sottoposti, ci costringe ad una vita sempre più frenetica e alla ricerca del conformismo al gruppo per evitare l'isolamento.

Il tempo stesso dedicato al consumo dei media è ridotto, frammentato e traslato. Tutti sono più distratti e distraibili, più disincantati. La pubblicità deve adattarsi a questa nuova realtà accettando di cercare e cambiare il proprio linguaggio, inventare nuovi stili, modi e tecniche. È un lavoro incessante verso la ricerca dell'unicità.
Quindi udite, udite, udite! Oggi non è davvero più possibile affidarsi all'istinto per realizzare qualsiasi tipo di prodotto di comunicazione, neppure un pieghevole! **Un prodotto o un servizio non comunicato o comunicato scorrettamente non esiste.**
Stritolati ogni giorno nella macchina "macina cervelli" dell'informazione, dei messaggi promozionali, delle parole gridate sopra altre grida, in questo caos infernale di voci che si sovrappongono, occorre strategia, tecnica e competenza. Occorre un professionista; a lui ci si deve affidare con la stessa naturalezza con cui ci si rivolge, nel momento del bisogno, ad un dentista, ad un medico o ad un avvocato.

La comunicazione nelle piccole imprese. Alcuni dati

Le PMI e le imprese artigiane costituiscono circa il 90% delle aziende italiane. Producono più o meno il 40% del PIL nazionale e danno lavoro al 60% degli occupati. È su queste aziende che si regge la nostra economia. Spesso queste imprese si distinguono per produttività e capacità manageriali, grazie alle quali si sono ritagliate la propria fetta di mercato, magari di nicchia, talvolta esportando fino all'80-90% della propria produzione.
Nelle grandi aziende generalmente la comunicazione è affidata a una funzione dedicata, gode di un suo budget, si vede assegnare

delle risorse, umane ed economiche. Al contrario, nelle aziende piccole, fattori quali un budget di spesa limitato, l'impossibilità di assumere figure professionali da dedicare esclusivamente alla funzione, sommate alla mancanza di tempo degli imprenditori, incidono pesantemente anche sulle scelte organizzative. Ma, a mio avviso, è soprattutto la mancanza di volontà a mettersi in discussione, ad accettare un cambio di mentalità, a sfatare certi preconcetti, che spinge i piccoli imprenditori a non investire in comunicazione.

Da un'indagine compiuta da UNICOM (Unione Nazionale delle Imprese di Comunicazione) sulle PMI nel 2002 (e poco da allora è cambiato) risulta che **soltanto un 33% su quasi 1300 imprese intervistate dedica un budget (piccolo o grande che sia)** all'attività di comunicazione. Significa che questa azione non viene generalmente pianificata e la si svolge soltanto quando se ne verifica la concreta e urgente necessità, con il rischio di non ottenere i risultati sperati e di sciupare risorse economiche o se non altro di non riuscire a farle rendere come potrebbero.

Per molti la comunicazione non è ancora intesa come una forma di investimento e quindi una spesa effettuata in funzione di un ritorno economico. Questo è dovuto al fatto che l'attività di comunicazione è spesso affidata all'istinto, anziché a professionisti. Ne consegue che lo sforzo creativo, che generalmente comporta tattica, strategia e conoscenza delle dinamiche della comunicazione, viene demandato a soggetti non specializzati, per cui si rischia che i risultati comunicativi non soddisfino pienamente le aspettative e gli "investimenti" in comunicazione vengano percepiti come un costo fine a se stesso.

Gran parte di quello che un'impresa produce o offre, può essere acquistato presso un concorrente. Quello che fa la differenza

è la predisposizione a innovare. Bisogna avere il coraggio di fermarsi e porsi alcune domande:

1. Come facciamo a superare i concorrenti?
2. Come ampliare il nostro raggio d'azione?
3. Come differenziarci?
4. Quali processi e competenze mettere in atto?

Si apriranno scenari nuovi, ipotesi di miglioramento e cambiamento che toccheranno ogni ambito dell'organizzazione aziendale, sia essa di grandi o di piccole dimensioni. Con chiarezza emergerà anche l'esigenza di comunicare, che non significa necessariamente di fare pubblicità, ma escogitare iniziative adatte ad attrarre, accattivare, sedurre il potenziale cliente o fidelizzare quello effettivo. Tutto questo in funzione di un nobile scopo: crescere, aumentare le vendite e quindi gli incassi.
Bisogna mettere in atto nella realtà imprenditoriale i meccanismi che si azionano quando si vuole piacere o attrarre qualcuno. Ci si veste per bene, ci si profuma, ci si ammira allo specchio, si impostano sguardi e perfino il portamento. Magari ci si cambia d'abito dieci volte prima di uscire. Ognuno di questi gesti costituisce un'azione di comunicazione, o meglio una strategia elaborata per mettere in atto un magnifico ed accattivante processo di fascinazione e conquista!
Bastano alcune semplici riflessioni per capire che anche nelle numerose azioni che definiscono i processi aziendali, la necessità di differenziarsi, di emergere e quindi di comunicare l'unicità, è pienamente inclusa e determinante. Gestire male questo bisogno inevitabile o non gestirlo affatto, significa disperdere una parte del valore che l'azienda è riuscita a creare.

Introspezione "psicologica" dell'impresa

Per compiere una missione occorre una visione.

Quante volte vi sarà capitato di sfogliare una brochure aziendale, magari la vostra, e di leggere: chi siamo, cosa offriamo, mission, vision...ma quante volte quei contenuti sono frutto di una vera riflessione da parte dell'impresa che li propone?

Quei contenuti rispecchiano davvero la realtà o spesso non si tratta altro che di frasi scritte sulla falsariga di mille altri strumenti analoghi, in cui le parole qualità, innovazione, vision, mission, si rincorrono e si ripetono, vuote, inconsistenti e inutili, senza destare attenzione e quindi curiosità a proseguirne la lettura?

Purtroppo capita poche volte ma voglio raccontare di un cliente che ha sviluppato un percorso di crescita interna all'azienda, proprio dopo essersi imbattuto nella necessità di redigere i testi per la sua brochure di presentazione.

Percepiva che qualsiasi cosa avesse scritto rischiava di confondersi con le mille parole analoghe utilizzate dalla concorrenza, investendo in un'azione di comunicazione che lo avrebbe mantenuto allo stesso livello delle aziende del suo settore, senza quindi apportare valore aggiunto o percepibili cambiamenti nel suo percorso imprenditoriale.

Chi siamo? In cosa crediamo? Cosa offriamo? Cosa ci piacerebbe essere e quindi che sogno abbiamo? A che punto siamo? Cosa funziona ma soprattutto cosa va migliorato?

Sono domande che molte imprese non si pongono, come se le ritenessero fuorvianti rispetto alla vera natura del proprio fare impresa per il business. Eppure, il "nostro" imprenditore sentiva che quelle domande pretendevano una risposta seria che doveva nascere da una riflessione approfondita, e che le considerazioni

che ne sarebbero emerse avrebbero contribuito a stanare delle intuizioni latenti, sulla propria missione imprenditoriale. Quelle risposte rappresentavano la chiave del suo percorso, scriverle sulla carta costituiva semplicemente l'ultimo tassello che avrebbe sigillato la piena comprensione e consapevolezza del proprio ruolo imprenditoriale, dei propri obiettivi aziendali, facendo emergere quell'unicità che sentiva appartenergli ma che ancora non era riuscito a mettere a fuoco. Un'unicità che i suoi potenziali clienti dovevano percepire chiaramente, senza ombra di dubbio.
Intraprendemmo con il nostro cliente un percorso di "consapevolezza" che sfociò nell'adesione a due intense giornate di "Forum Strategico" condotto da uno dei massimi esperti europei sulle tematiche inerenti al pensiero sistemico, all'apprendimento organizzativo ed alla gestione dei processi di cambiamento.
In quei due giorni i vertici aziendali furono coinvolti e guidati alla realizzazione di una mappa strategica che svelò passo dopo passo, domanda dopo domanda, la vera identità dell'impresa. Quest'ultima dovette chiedersi quale fosse realmente la propria missione nel presente e quale la propria visione del futuro, scandagliò punti di forza e di debolezza, riuscendo ad individuare infine le azioni pratiche da compiere per realizzare i propri obiettivi di business a medio lungo termine.
Il mio ruolo di comunicatore consiste anche e soprattutto in questo. Indirizzare le imprese che si rivolgono alla mia struttura, suggerire un percorso laddove se ne senta fortemente l'esigenza. Avrei potuto convincerlo a scrivere i testi della sua brochure approfittando della destrezza di un copywriter, facilitando di gran lunga il mio lavoro ma non avrei avuto la soddisfazione di vedere il mio cliente acquisire una nuova consapevolezza fornendogli nuova linfa "creativa" da cui attingere per proseguire con

maggior vigore il proprio percorso imprenditoriale. Domandarsi chi siamo e come vogliamo porci sul mercato è il primo passo per conoscerci e scoprire magari che abbiamo punti di forza che chiedono soltanto di essere ottimizzati e maggiormente sfruttati. È il primo passo per renderci magari conto che **possiamo pretendere di più, possiamo non accontentarci, possiamo uscire dall'eccellenza per entrare nell'unicità**.
Pensiamo ad esempio all'esperienza di Illy. Se avesse considerato se stessa come un'azienda che produce caffè a beneficio di quanti lo amano, si sarebbe confusa con mille aziende analogamente indirizzate allo stesso mercato. Ma Illy ha scelto di considerarsi come quell'azienda che "*Delizia i consumatori di tutto il mondo con un caffè eccellente offrendo un'esperienza straordinaria che coinvolga i sensi e lo spirito. Contribuisce allo sviluppo del mercato e della cultura globale dell'espresso in un percorso unico, dal chicco alla tazzina, ove il prodotto migliore si combina alla conoscenza e ad una tradizione continuamente reinterpretata*". È questa la missione che si è proposta Illy ed ogni azione e strategia aziendale si è focalizzata su questi obiettivi, consapevole del fatto che viviamo nell'era dell'ipercompetizione e delle esperienze. Il consumatore perso fra i mille rivoli di prodotti simili ha bisogno di una guida, di qualcuno che gli indichi un percorso. Passare dal proporre un prodotto al proporre un'esperienza, rappresenta il passo successivo per l'azienda che quel consumatore desidera catturarlo. Catturare e non accalappiare.

Comunicare per ottenere finanziamenti

Una riflessione a parte va fatta anche per quanto riguarda la richiesta di finanziamento, fondamentale per la vita dell'impresa. Con l'introduzione di Basilea 2, la possibilità per un'azienda di ottenere un prestito, possibilmente con un tasso di interesse non troppo oneroso, dipenderà d'ora in poi dal rating che la banca le avrà assegnato. Sulla base delle informazioni che l'azienda stessa fornisce.

Ne deriva l'importanza di una ponderata e mirata comunicazione finanziaria e aziendale. Che riunisca in maniera organica, coerente e completa tutti gli elementi utili per permettere alla banca di attribuire all'azienda un giudizio positivo e quindi un rating elevato.

Ma quali sono le informazioni sulla base delle quali la banca opererà? Saranno presi in considerazione tutti gli elementi che fungono da indicatori del benessere economico presente e futuro dell'azienda, suddivisibili in tre categorie: informazioni quantitative, qualitative e sull'andamento.

Alla prima categoria appartengono i dati a carattere economico-finanziario, in primis il bilancio di esercizio, in particolare quelli degli ultimi tre anni. Sarà quindi interesse dell'azienda redigere un bilancio con voci approfondite e dettagliate, evitando quelle descrizioni sommarie tanto usate in passato per mimetizzare operazioni poco chiare e scampare ai controlli della finanza. D'ora in poi saranno la correttezza e la trasparenza a essere premiate. Almeno per quanto riguarda la maggiore facilità di accesso al credito bancario.

Considerato fino a oggi, soprattutto nelle Piccole e Medie Imprese, esclusivamente come un obbligo di tipo fiscale, il bilancio di esercizio chiede di essere riscoperto nel suo ruolo di **strumento di comunicazione d'impresa, un mezzo di comunicazione con gli stakeholder** [4]**, una fotografia dell'azienda e del suo stato di salute economico. Uno strumento per attrarre azionisti, talenti e collaboratori di qualità, clientela selezionata, attenzione da parte dei media e, naturalmente, prestiti delle banche**.

Un rapporto del Censis - commissionato dal Dipartimento per le Politiche Comunitarie e pubblicato nell'aprile scorso - sottolinea che per quanto riguarda **attività specifiche per le Pmi**, l'Unione europea ha sostenuto (per 430 milioni di euro su di un budget complessivo di 17,5 miliardi) solamente il **13,1% delle domande** di finanziamento presentate, ponendoci così all'**ultimo posto** dopo paesi come Malta, Lettonia, Estonia e Lituania. Dato che la commissione giudicante sceglie a chi assegnare i finanziamenti sulla base della documentazione sottoposta dalle stesse imprese richiedenti, è evidente che anche in questo caso esiste un problema di comunicazione che non si può sottovalutare.

In crisi per la crisi? Comunicare in tempi difficili

"*Non è la specie più forte a sopravvivere, nemmeno la più intelligente, ma quella più sensibile al cambiamento*" (Charles Darwin). In piena crisi economica ho deciso di apportare dei cambiamenti

[4] Gli stakeholder sono i soggetti "portatori di interessi" nei confronti di un'iniziativa economica, dai quali dipende la sopravvivenza dell'impresa stessa. Di questa categoria fanno parte, ad esempio i clienti, i fornitori, i finanziatori (come le banche e gli azionisti), i collaboratori; ma anche gruppi esterni di interesse come i residenti delle aree limitrofe all'azienda e i gruppi di interesse locali.

in agenzia. Come molti altri imprenditori ho valutato l'ipotesi di fare dei tagli per ridurre le spese ma che senso avrebbe avuto? L'economia non si ferma con la crisi seppur grave. I miei collaboratori si sono formati dopo anni di specializzazione nel settore, si sono sempre dimostrati flessibili negli orari e nei ruoli, disponibili a sacrificarsi per un'emergenza pur di soddisfare il cliente. In un periodo di scarso lavoro scelsi allora di apportare dei miglioramenti e di compiere quelle azioni che generalmente non si trova il tempo di sviluppare. Abbiamo rinnovato l'immagine, impostato alcune nuove iniziative finalizzate ad attrarre nuove fasce di mercato, investito nell'acquisto di nuovi software.
Queste scelte nascevano dall'esigenza di ricercare nuovi stimoli, nuova linfa creativa, salvaguardando l'entusiasmo che ci aveva sempre caratterizzato, contro il rischio che prevalesse il timore di non farcela. Non ero ovviamente certo dei risultati ma mi consolava la consapevolezza di non potermi arrendere alla prima difficoltà.
Una piccola agenzia di comunicazione che si imbatte nella crisi se la vede inevitabilmente con un aumento sfacciato della concorrenza. Mi riferisco alla nascita di una concorrenza che poco prima non esisteva, trattandosi di piccolissime se non individuali figure professionali che rispondono generalmente a nicchie di mercato diverse dalle nostre. Eppure, in tempo di crisi queste figure, che non hanno costi fissi di agenzia e di personale, si arrabattano proponendo a prezzi ridottissimi lo sviluppo di attività di comunicazione a scapito della qualità. Inoltre, nei periodi di crisi, anche la concorrenza già esistente si fa più agguerrita. Questo perché, se già è difficile per un professionista del mio settore riuscire a far crollare certi pregiudizi dei piccoli/medi imprenditori locali, lo diventa ancora di più in un periodo in cui calano

inevitabilmente gli investimenti e, di conseguenza, la "lotta" per accaparrarsi il cliente si fa più spietata. La mia non è una protesta nè una condanna fine a se stessa. La frequente mancanza di una vera cultura della comunicazione, la non consapevolezza da parte di molte imprese del valore insito in una vera azione di consulenza globale di comunicazione integrata, che richiede preparazione, esperienza e creatività, rende semplice il passaggio dalla scelta di un'agenzia strutturata, al grafico alle prime armi o alla tipografia di turno, che si spinge a sviluppare una creatività spesso spicciola, di poche pretese sconfinando in campi non di sua diretta pertinenza.
Tutti gli sforzi compiuti in anni di duro lavoro, volto a spiegare il senso di una comunicazione di qualità, l'efficacia di un messaggio creativo, l'importanza di non investire risorse in attività di comunicazione identiche a mille altre, incapaci di far risaltare l'unicità di un prodotto o di un'azienda, si frantumano di fronte alla legge del "risparmio dei costi", che a certi livelli si trasformano in uno spreco vero e proprio.
Sono sempre stato un imprenditore abile a far di conto e ovviamente interessato a fare utili ma posso dire con assoluta sicurezza che ho sempre indirizzato i miei clienti a sviluppare azioni di comunicazione efficaci, anche quando in certe occasioni mi sarebbe stato più vantaggioso proporre attività che ai fini della strategia non avrebbero apportato valore aggiunto ma solo costi maggiori. Non ho mai avuto come obiettivo la quantità ma la qualità, non realizzo solo creatività o strumenti di comunicazione, fornisco consulenza seria e responsabile, perché è quello che io mi aspetto rivolgendomi ad un professionista.

Quando si attraversa un momento di difficoltà non si è mai certi di riuscire a farcela, ma non ho mai avuto dubbi sul fatto che non si debba lasciare nulla di intentato. Perso nelle mie elucubrazioni mentali, in bilico tra ottimismo e pessimismo, di nuovo mi sono imbattuto in Albert Einstein e, proprio quando ne avevo maggiore bisogno, mi è capitato per caso di leggere una sua considerazione a proposito dei periodi di crisi:

"*Non pretendiamo che le cose cambino, se continuiamo a fare le stesse cose. La crisi può essere una grande benedizione per le persone e le nazioni, perché la crisi porta progressi.*

La creatività nasce dall'angoscia come il giorno nasce dalla notte oscura. ***È nella crisi che sorgono l'inventiva, le scoperte e le grandi strategie****. Chi supera la crisi supera se stesso senza essere superato. Chi attribuisce alla crisi i suoi fallimenti e disagi, inibisce il proprio talento e dà più valore ai problemi che alle soluzioni.* ***La vera crisi è l'incompetenza****. Il più grande inconveniente delle persone e delle nazioni è la pigrizia nel cercare soluzioni e vie di uscita ai propri problemi.*

Senza crisi non ci sono sfide, senza sfide la vita è una routine, una lenta agonia.

Senza crisi non c'è merito. È nella crisi che emerge il meglio di ognuno, perché senza crisi tutti i venti sono solo lievi brezze.

Parlare di crisi significa incrementarla e tacere nella crisi è esaltare il conformismo. Invece, lavoriamo duro.

Finiamola una volta per tutte con l'unica crisi pericolosa, che è la tragedia di non voler lottare per superarla".

Mi chiesi inizialmente, quasi sbigottito, che impatto avrebbe avuto una considerazione simile su aziende vicino al fallimento, con il personale in cassa integrazione. La ritenni azzardata.

Guidare un'azienda è difficile. È quotidianamente in balia di normative, manovre fiscali, agevolazioni o intoppi burocratici, che accompagnano tutte le problematiche legate alla produzione e all'organizzazione interna. Le energie sono molto spesso assorbite interamente e la creatività resta in attesa di tempi migliori. Eppure, dove è possibile, si potrebbe tentare di escogitare nuove soluzioni, individuare alternative plausibili accompagnate dal coraggio di rinnovarsi.
Il fulcro sta tutto nella parola innovazione, vera innovazione, a tutto campo, quella che spinge a percorrere strade sconosciute, ad osare con esperimenti e prove. In questo gli italiani dovrebbero essere in vantaggio perché la caratteristica peculiare della miglior imprenditoria italiana è, appunto, la creatività, così come deve essere per la vera imprenditoria ferrarese.
Essere creativi, osare, cercare alternative, possono sembrare concetti troppo astratti per un'azienda che se la vede con la crisi, i conti economici che tendono al rosso, il fantasma della disoccupazione sempre in agguato. La vera sfida consiste però nell'uscire da uno schema mentale tradizionale, tipico di un modo di fare impresa ancora basato sulla convinzione che le condizioni strutturali del settore siano date e che si possa competere esclusivamente entro quei limiti. Queste aziende continuano a cercare freneticamente di battere la concorrenza senza capire che gli obiettivi sono cambiati. Occorre identificare spazi di mercato nuovi e incontestati, creare cioè "innovazione di valore", che va oltre il concetto classico di innovazione perché è una strategia che abbraccia l'intero sistema aziendale.
E qui mi rifaccio di nuovo alla teoria dell'Oceano Blu, già accennata in precedenza. I due pionieri di questa teoria non hanno fatto altro che spostare lo sguardo verso un altro punto di vista,

hanno cercato di andare oltre ad una visione tradizionale delle dinamiche competitive, a dimostrazione del fatto che non importa "scoprire l'America" per essere innovativi, ma basta guardare il mondo con occhi nuovi. Fare *innovazione di valore* comporta la capacità dell'imprenditore di mettersi in discussione, di compiere un'analisi oggettiva della realtà e del proprio *modus operandi* messo in atto fino a quel momento. Pena: l'uscita di scena o il posizionamento a ruolo marginale sul mercato. Creando innovazione di valore l'impresa non ha più bisogno di utilizzare le tecniche di benchmarking per abbattere la concorrenza, poiché quest'ultima viene neutralizzata anziché distrutta. Attraverso l'innovazione di valore, infatti, un'azienda non è più in competizione con i concorrenti per allargare la propria fetta di mercato, poiché si apre automaticamente a mercati nuovi, ancora "vergini", a quello che si chiama, appunto, "oceano blu". Tradizionalmente, l'aumento del valore si ricerca incrementando le nostre risorse a disposizione; questo comporta, di conseguenza, un innalzamento dei costi, sia per l'azienda che per il cliente finale. Investire in innovazione in senso classico, invece, significa convogliare le proprie energie e le proprie risorse in una direzione puramente tecnologica. *L'innovazione di valore* re-interpreta questi due sforzi solitamente pensati in maniera autonoma, superandoli. Un altro dogma economico che bisognerebbe scavalcare per raggiungere questo obiettivo è quello del trade-off tra costo e valore. Si ritiene da sempre che le aziende, nei loro investimenti, percorrano due strade: o accrescono il valore creato per i clienti sostenendo un costo elevato, oppure creano un livello ragionevole di valore contenendo i costi. Al contrario, chi fa innovazione di valore, occupando il cosiddetto "oceano blu", persegue contemporaneamente l'obiettivo della differenziazione e quello

del contenimento dei costi. Proprio perché la chiave di volta sta nell'aprirsi a mercati ancora incontrastati.
Per fare un esempio: la fortunata esperienza de "Le Cirque du Soleil" che tutti conoscono, incarna pienamente questo concetto. Le Cirque du Soleil, infatti, non ha cercato di eliminare la concorrenza, peraltro in un momento in cui il settore circense stava entrando in crisi, ma ha combinato alcuni elementi del circo tradizionale (ha valorizzato il tendone, ha mantenuto i numeri d'acrobazia), con altri tipici del teatro (conferendo una trama ai vari momenti dello spettacolo e utilizzando un registro più raffinato ed elegante), creando prima e fidelizzando poi un target nuovo, del quale fino a quel momento nessuno aveva ancora tenuto conto. Inoltre, eliminando alcuni degli elementi più costosi del circo tradizionale (ad esempio gli animali), è riuscito a raggiungere insieme l'obiettivo della differenziazione e quello del contenimento dei costi.
A differenza di come si è abituati ad agire nell' "oceano rosso" (ovvero quello concorrenziale), nell' "oceano blu" vengono scardinati alcuni atteggiamenti tipici, in particolare:
- si crea uno spazio incontestato e non si compete nello stesso spazio;
- si aggira la concorrenza senza abbatterla;
- si crea e si conquista una nuova domanda e non si sfrutta più quella esistente;
- l'intero sistema delle attività dell'azienda si allinea con il doppio obiettivo della differenziazione e del contenimento dei costi senza più considerare questi due fattori separatamente.
In poche parole, l'unico modo di battere la concorrenza è smettere di cercare di batterla, l'eccessivo utilizzo delle tecniche di benchmarking ha spinto molte aziende ad impiegare le energie in

azioni poco efficaci anziché indirizzarle nella ricerca di spazi di mercato che ancora non si vedono ma che esistono.
Dal punto di vista di un'azienda che offre servizi di comunicazione, questo principio si realizza nell'impegno ad offrire ai clienti più di quanto essi stessi si aspettino. Non imitare quindi ma interpretare ogni soggettiva realtà per formulare strumenti totalmente unici e mirati all'immagine che si desidera trasmettere e agli obiettivi aziendali che ci si pone. Fare innovazione di valore è cosa urgente ed indispensabile, auspicabile da tutti gli economisti. Ci saranno imprenditori capaci di metterne in pratica i principi e altri che non lo faranno. I risultati si vedranno nel post crisi. In un momento di estrema incertezza dei mercati, investire in valore aggiunto, diventa fondamentale, al contrario di quanto molte aziende fanno. Il mercato selezionerà drasticamente e bisogna essere pronti e cavalcare l'onda adesso, perché al minimo segnale di ripresa chi avrà messo in pratica l'innovazione di valore sarà già molto più avanti dei competitor.

Cosa comunicare?
Oggi si parla di crisi del sistema economico, pertanto la crisi che sta attraversando il mercato pubblicitario, è crisi di comunicazione del sistema stesso. Quasi non ci fosse più molto da dire. Di conseguenza, oggi più che mai rispondere alla domanda "cosa comunicare?" sembra sia diventato molto difficile.
Anche perché è evidente che il mercato pubblicitario sia in crisi. Non c'è esponente di centro media, agenzia, concessionaria di pubblicità o editore che non lo dichiari.
Per tentare di rispondere alla domanda che introduce questo paragrafo, penso sia opportuno fare una breve analisi dei mutamenti che hanno attraversato il ruolo dei consumatori negli ultimi decenni.

La forte espansione economica degli anni '50 -'60 ha gettato le basi del consumismo sfrenato tipico degli anni '80, quando si intrecciano gli elementi principali legati al consumo: la *merce*, che comincia ad essere percepita sempre più come un insieme di segni e non più di sole caratteristiche fisiche e tangibili; il *consumatore*, che vede mutare costantemente le proprie caratteristiche socioeconomiche, psicologiche e culturali e che inizia ad essere oggetto di studio di diverse discipline; il *punto vendita* che, grazie ai cambiamenti del mondo della distribuzione, assume caratteristiche nuove e rivoluzionarie, fino ad una sorta di "smaterializzazione" dello stesso, dovuta alle nuove frontiere offerte da Internet.
Il boom consumistico degli anni '80 è caratterizzato da un'alta frenesia da parte del consumatore che, finalmente, si sente legittimato a consumare ciò che vuole e quando vuole. Sono gli anni in cui si affermano sulle masse i grandi brand e la "marca" diventa un segno distintivo e caratterizzante. In questo periodo nascono nuove figure sociali legate alle mode, le quali, a loro volta, influenzano i comportamenti di chi le segue. Cresce il consumo di beni che conferiscono status, muta l'atteggiamento verso la pubblicità, mai accettata come in questo periodo ed il benessere materiale diventa un esplicito obiettivo da perseguire.
Gli anni '90 sono caratterizzati da importanti cambiamenti: l'apertura di nuovi mercati, in particolare quelli dell'Est, l'aumento della sensibilità nei confronti delle tematiche ecologiche, l'incremento generalizzato dell'immigrazione, fanno sì che muti anche l'atteggiamento del consumatore, il quale arriva quasi a rifiutare gli sfarzi consumistici del decennio precedente e ad assumere un ruolo sempre più attivo nel processo d'acquisto.
Arriviamo così all'era del digitale e dell'interattività.

La decisa affermazione di Internet, innesca profonde rivoluzioni sia per quanto riguarda la tipologia dei consumi che per ciò che concerne la struttura e l'accesso alle informazioni. Il consumatore del nuovo millennio è più consapevole, meno influenzabile dalla pubblicità, sceglie attivamente ciò che vuole acquistare. È lui che impone le mode, non viceversa.
La quasi infinita possibilità di scelta di uno stesso prodotto lo spinge a seguire determinati valori legati all'acquisto, sia in termini economici che qualitativi. Non sono più le aziende a controllare i rapporti con i consumatori: attraverso il Web 2.0 essi conversano *tra* di loro a *proposito* delle aziende, determinandone in tal modo il successo o il fallimento. Inoltre, viene rivoluzionata anche la modalità di approccio al prodotto stesso: si passa dalla bottega sotto casa, al grande magazzino fino all'attuale e-commerce.
Ecco allora il motivo per cui un comunicatore di professione si chiede che cosa comunicare: perché questa domanda presuppone un'interattività tra chi la pone e chi dovrebbe rispondere, il consumatore appunto e, in questi anni, il concetto di interazione diventa fondamentale anche in ambito economico. Non possiamo più permetterci di essere noi ad imporre i bisogni di chi consuma, ma ci dobbiamo mettere dalla parte degli ascoltatori.
L'incremento del "potere" del consumatore è, a mio avviso, strettamente correlato anche ad una perdita di fiducia nei confronti del brand. I grossi crack degli ultimi anni di alcuni colossi finanziari (penso alla Parmalat, alla Cirio o all'Alitalia, solo per citarne alcuni) hanno innescato un atteggiamento di rifiuto da parte dei consumatori, i quali non si sentono più in buone mani. Il tutto è stato ulteriormente aggravato da una profonda incapacità da parte della forza politica di regolare la crisi e soprattutto di punirne i

responsabili. Che cosa deve fare, a questo punto, il consumatore se non prendere le redini delle proprie scelte?

L'Universo cliente

Amo la lentezza.
Può sembrare una dichiarazione azzardata e assolutamente contraddittoria per un imprenditore che lavora in un campo di professionisti notoriamente febbrili, agguerriti e rampanti.
Amo la lentezza interiore. Questo allora aggiungo. Quello stato mentale che si acquisisce con l'esperienza e (perché no?) con la maturità, e che ci permette di sentirci controllati anche nelle situazioni di maggior frenesia, in cui il tempo sembra accelerare i suoi ritmi, un minuto si trasforma in un soffio impercettibile e un'ora svanisce come un fantasma che vuole eclissarsi.
L'imperatore Augusto ripeteva spesso ai suoi generali il motto "FESTINA LENTE" ossia "affrettati lentamente". La prudenza è una virtù assai più importante dell'audacia e della fretta. E la prudenza è strettamente collegata all'esperienza. Occorre un comportamento calmo eppure dinamico anche nelle questioni professionali, soprattutto nel rapporto con i clienti, con tutti i clienti.
Alla base di ogni buona azione di comunicazione occorre innanzitutto una "predisposizione" da parte dell'azienda cliente ad affidarsi all'agenzia creativa.
A volte occorre guidare il cliente, portarlo lentamente a considerare nuovi punti di vista, altre volte è lo stesso cliente che chiede all'agenzia di osare e di esprimere la propria creatività strategica liberamente. A volte accade anche che il cliente non sia predisposto a comprendere il senso complessivo di una efficace azione

di comunicazione e allora, quel percorso seppur lento che si è disposti ad affrontare per accompagnarlo verso una visione alternativa e moderna, rischia di non vedere neppure il primo passo. Ricordo che un giorno fui contattato da una grossa impresa di costruzioni ed intermediazioni immobiliari. La crisi economica si presagiva nell'aria, così come si intuiva che il settore delle costruzioni avrebbe subito un forte contraccolpo. L'azienda si trovava dunque alla vigilia di una nuova fase, in cui la volontà del responsabile del marketing strategico si poneva come obiettivo quello di imporre il Gruppo come numero uno nel settore immobiliare. Per questo motivo uno dei titolari considerò utile valutare l'ipotesi di investire nello sviluppo di una campagna di informazione e promozione strategica e ben pianificata, considerandola ormai un'azione imprescindibile e inderogabile. Il Gruppo doveva diventare sempre più "marca" per una sua immediata identificazione e per un aumento della notorietà. Con i miei collaboratori feci visita all'azienda almeno tre volte e ogni volta si interagiva con soggetti diversi, finché ritenni opportuno richiedere espressamente un confronto diretto con il titolare. E qui ci fu la svolta. Sottoponemmo anche alla sua attenzione esempi concreti di analoghi lavori sviluppati per altre aziende, evidenziandone i risultati ottenuti in termini di aumento delle vendite. Lo convincemmo... a parole. Uscimmo soddisfatti ma molto presto imparammo per esperienza diretta la validità del detto "fin che non vedo (la firma sul contratto) non credo". Fummo infatti ricontattati per un ulteriore appuntamento con il secondo titolare, quello che purtroppo gestiva il budget e che ignorava completamente le finalità della comunicazione. Ragionava essenzialmente sui numeri e non sulla strategia e rientrava nella schiera di quanti ritengono più opportuno, in tempo di "*possibile crisi*" e quindi di

un eventuale futuro crollo delle vendite, non sbilanciarsi troppo nelle spese in comunicazione, quando è proprio in questi momenti che l'azione si rende più necessaria.
Quel giorno non tornammo in agenzia con il contratto firmato, nonostante tutti se lo aspettassero, compresi gli stessi manager dell'azienda con cui avevamo interagito poco prima di scontrarci contro il muro invalicabile del secondo titolare. Eravamo dispiaciuti ovviamente ma non soltanto per una questione economica. Quello che davvero deve far riflettere è il distacco da parte di grosse aziende nei confronti della cultura della comunicazione. L'incapacità di individuare in questa azione una forma di investimento capace di contribuire al processo di crescita. La paura aveva avuto il sopravvento. Noi rinunciammo all'idea di impegnarci in una sfida ambiziosa e per questo tanto più appetibile e stimolante, l'azienda però rinunciò a differenziarsi, preferendo non osare. Questo certamente non ne determinò la deriva ma posso assicurare, senza peccare di presunzione, che quell'eccesso di prudenza ne impedì un importante salto di qualità.

Per fortuna non fu così per un'altra azienda leader nel settore della produzione di sistemi di pesatura elettronica. A livello nazionale non aveva davvero grossi competitori, quindi, in teoria che senso aveva investire in comunicazione? I vertici della società compresero invece che era necessario comunicare di più e comunicare meglio, per trasmettere i valori collegati al dinamismo e all'innovazione insiti nell'azienda, concedendo di riflesso nuova linfa alle proprie potenzialità di sviluppo commerciale. Allo stesso tempo quest'azione conferiva ulteriore vigore al brand, stabilizzandolo ad un livello di eccellenza, anche in previsione delle future intrusioni sul mercato da parte di realtà concorrenti. Nel

giro di un anno rielaborarono con noi, a livello creativo e testuale, tutto il materiale cartaceo, le brochure, i folders, le schede tecniche, il sito internet, sviluppando strumenti di comunicazione più innovativi, imprimendo all'azienda un'immagine giovane, efficiente e all'avanguardia. Riuscirono a trasferire la loro nuova "anima aziendale" anche all'estero, vincendo il primo premio come migliore stand alla Fiera americana World Dairy Expo, segno tangibile che la capacità (ed il rischio) di rinnovarsi premia, anche nel vero senso della parola!
Le buone iniziative di comunicazione possono sortire ottimi risultati se si sviluppano attraverso la capacità di interagire e di dialogare fra impresa ed agenzia. Quest'ultima può proporre idee originali ed interessanti, frutto dell'esperienza, della competenza e della creatività, ma se l'azienda non accetta la sfida l'idea rimane un concetto astratto su cui sviluppare mille elaborazioni e niente di concreto.
Spesso per le aziende, il rapporto con i clienti è vissuto come un delicato gioco di equilibri molto precari e sempre in discussione.

Il cliente ha sempre ragione?

L'azienda sa che il cliente è il perno fondamentale dell'economia di mercato, quindi la risorsa essenziale per la sua stessa sopravvivenza. Non potrebbe produrre beni o servizi destinati alle vendite e quindi all'aumento degli utili se non esistesse un soggetto destinato ad acquistarli per ottenerne un beneficio. Azienda e cliente sono i due lati della stessa medaglia, devono procedere in simbiosi eppure per molto tempo il cliente è stato trattato come un semplice consumatore. L'impresa ha faticato ad intuire che il cliente poteva essere la chiave, l'intuizione da cui dipendeva l'approccio e il seguente superamento della concorrenza, se non addirittura lo sviluppo di nuovi settori di mercato e quindi l'abbattimento stesso del concetto di concorrenza. L'impresa ha dovuto abbandonare in questi anni un certo atteggiamento presuntuoso che scaturiva dall'intima convinzione che il cliente non fosse altro che un soggetto che aveva bisogno di quello che l'azienda stessa offriva.

Oggi invece il cliente vuole essere ascoltato, esprime esigenze specifiche e chiare, conosce il mercato e le sue regole, può valutare diverse offerte e prediligerne una fra tante e questa preferenza può dipendere spesso da fattori all'apparenza trascurabili. Prodotti uguali, prezzi simili...che differenza può fare sceglierne uno piuttosto che l'altro? Il fattore emotivo, la sensazione di essere considerati qualcosa di più di clienti paganti, può costituire l'elemento differenziante per un'impresa, la chiave per arrivare al cuore del cliente e "fidelizzarlo".

Il Customer Relationship Management (termine inglese spesso abbreviato in CRM) è legato a questo concetto ma è ancora poco conosciuto dalla stesse imprese che spesso lo identificano esclusivamente come un software.

Il CRM è invece strettamente legato alla strategia, alla comunicazione, all'integrazione tra i processi aziendali, alle persone ed alla cultura. Pone il cliente al centro dell'attenzione sia nel caso del business-to-business, che del business-to-consumer.

Le applicazioni informatiche del CRM servono a tenersi in contatto con la clientela, a inserire le loro informazioni nel database per essere registrate e analizzate e quindi utilizzate per indicare utili modalità di interazione con il cliente, ma prima di attuare questo sistema dal punto di vista tecnologico, l'azienda deve

investire nelle risorse umane, avviandole verso una "nuova cultura dell'approccio con il cliente" e servono quindi innanzitutto strategia, organizzazione e comunicazione. Soltanto partendo da questi presupposti il CRM applicato alla tecnologia potrà sortire gli effetti desiderati:
- l'acquisizione di nuovi clienti;
- l'aumento delle relazioni con i clienti più importanti;
- la fidelizzazione dei clienti che hanno maggiori rapporti con l'impresa;
- la trasformazioni degli attuali clienti in procuratori, ossia consumatori che lodano l'azienda incoraggiando altre persone a rivolgersi alla stessa per i loro acquisti.

Sopra il tavolo della sala riunioni della mia agenzia, regna impassibile e sovrano questo messaggio, monito e guida per tutti i miei collaboratori e anche per me (perché il cliente è importante ma ce ne sono alcuni in grado di mettere a dura prova gli animi più miti e pazienti):
Il cliente è la persona più importante di questa azienda, sia che venga di persona, che scriva o telefoni.
Il cliente non dipende da noi, siamo noi che dipendiamo da lui.
Il cliente non è importuno, non interrompe il nostro lavoro. Egli ne è lo scopo.
Noi non gli facciamo un favore, lui ci dà l'opportunità di esprimere la nostra professionalità.
Il cliente è un persona che esprime i suoi desideri. È nostro compito esaudirli per una reciproca soddisfazione.
ECCO CHI È IL CLIENTE.

Quando parlo dei clienti e delle loro richieste (talvolta) incomprensibili o dei loro atteggiamenti (spesso) arroganti, mi viene in mente una e-mail inviatami da Mauro Marinoni, famoso copywriter di Torino, intitolata "Autodifesa per agenzie". Qui lui suggerisce, in chiave ironica, alcune risposte da dare a quei clienti, le cui pretese a volte possono sembrare tanto assurde da... toglierci le parole di bocca! Ve ne propongo alcune...

- **C**: «Voglio una campagna fatta con le palle!»
- **A**: «Che ne direbbe di una fatta col cervello?»

- **C**: «Mi serve per ieri!»
- **A**: «Che combinazione: proprio ieri stavo guardando la fattura che mi deve pagare da tre mesi...»

Se la risposta funziona e il cliente viene a più miti pretese, dicendo:
- **C**: «Mi serve in tempi rapidi!»
- **A**: «Rapido vuol dire frettoloso e frettoloso erroneo ed erroneo dannoso e dannoso in un'azienda significa rimetterci denaro. Lei vuole rimetterci del denaro?»

- **C**: «Ho già trovato l'idea per la prossima campagna!»
- **A**: «Magnifico: venga a lavorare da noi come stagista creativo, gratis ovviamente.»

- **C**: «Le fate le gare a rimborso zero?»
- **A**: «Non ancora: inizieremo quando lei inizierà a regalare i suoi prodotti.»

- **C**: «Dovete seguire le mie idee: sono un tipo vulcanico!»
- **A**: «Nel 1883 l'eruzione del vulcano Krakatoa causò più di 36.000 morti. Spero non sia il suo caso.»

- **C**: «Questo preventivo è troppo alto: tagliamolo alla metà!»
- **A**: «Affare fatto! Metà subito, l'altra metà a 60 giorni fine mese.»

Tornando quindi alla domanda di fondo: il cliente ha sempre ragione? No ovviamente:)

I costi della comunicazione

Nonostante alcuni limiti inevitabili che questa scelta comporta, lavorare in un contesto meno "metropolitano" può offrire stimoli e soddisfazioni particolarmente gratificanti, oltre la conferma che **non sempre, per fare una buona pubblicità o una buona azione di promozione e comunicazione, servono grandi budget**.
"Fare di necessità virtù" e qui ora mi affido alla tradizione popolare, spesso fonte inesauribile di insegnamento e saggezza. La virtù in questo caso è la creatività. Facile sviluppare grandi campagne altamente tecnologiche con effetti speciali, avvalendosi di budget pressoché inesauribili. In questo caso i risultati sono un obbligo non soltanto professionale ma morale. Tuttavia non sempre accade che da questi grossi investimenti, dalla collaborazione delle più fervide menti creative riunite in una stanza ad elaborare un "miracolo", esca un'idea davvero originale.
Mi astengo in questo ambito dall'approfondire la riflessione sulla crisi della creatività in Italia, ogni anno drammaticamente ai margini nei più ambiti premi internazionali. Si tratta tuttavia di

un limite non sempre ed esclusivamente attribuibile a creativi a corto di idee. Capita infatti piuttosto spesso che le agenzie non vengano messe in condizione dai clienti di esprimersi con maggiore coraggio e originalità. È raro che un cliente, per quanto internazionale possa essere, accetti di affidarsi completamente alle intuizioni dei creativi. Sotto la parola creatività si celano spesso mille dubbi e preconcetti per un imprenditore o un manager abituati a ragionare sui numeri. Non è sempre facile capire che, così come un'azienda è impegnata sul fronte dell'innovazione per cercare nuovi mercati o nuovi prodotti da diffondere, allo stesso modo le imprese di comunicazione, avvalendosi di studi, statistiche, dati relativi alle nuove tendenze, dovrebbero cercare nuovi codici comunicativi, per adeguarsi alle evoluzioni sempre più frequenti.

Chi ragiona esclusivamente sui numeri tende a chiedersi che bisogno ci sia di modificare un messaggio comunicativo, i toni, i ritmi, i colori, le emozioni che ne emergono, se fino a quel momento ha funzionato. Ma su che cosa si misurano effettivamente i risultati? Sulle vendite e quindi sui numeri che spesso, se risultano sufficienti non stimolano la propensione a superarli, apportando cambiamenti pur basati su ragionamenti fondati da altri numeri. La creatività può essere "scientifica" ma rimane spesso aleatoria per i non "addetti ai lavori".

Un messaggio di successo indirizzato ad un target di riferimento può essere applicato sullo stesso target, dieci anni dopo? È possibile ma non lo si può dare per scontato. Sull'onda delle novità che hanno nel frattempo influenzato ritmi e stili di vita, quello stesso target può manifestare nuove esigenze o differenti gradi emozionali su cui la comunicazione e soprattutto i grossi investimenti in questo settore dovrebbero far leva.

Chi non collega il marchio Barilla alla famiglia ("Dove c'è Barilla c'è casa") o la macchia sulla tovaglia con Dash ("Più bianco non si può")? È probabile, anche se non certo che, modificando il messaggio di fondo da sempre diffuso da certi marchi storici, al punto da fondersi nella loro stessa anima penetrando intensamente nei sentimenti e nella sensibilità del pubblico di riferimento, si rischi il disaffezionamento. È ormai consolidata la tesi secondo cui la scelta di cambiare di frequente e senza valide giustificazioni le campagne pubblicitarie di un'azienda non permette la sedimentazione del messaggio sul pubblico, piuttosto lo si confonde e lo si induce a focalizzare l'attenzione su ciò che percepisce istintivamente, con il rischio di indurlo in comportamenti affrettati legati all'acquisto. Invece, la ripetizione di un messaggio legato a un brand reso possibile dalla continuità e dalla reiterazione dello stesso, è fondamentale innanzitutto per costruire e, successivamente, per promuovere e difendere l'immagine di una marca. Talvolta, però, può accadere che cambino le esigenze del target di riferimento, oppure che si modifichino i loro stili di vita o determinati luoghi comuni (sui quali spesso poggiano i messaggi pubblicitari) per cui può diventare necessario modificare anche la tecnica di comunicazione fino a quel momento adottata. Le ricerche di mercato sono spesso indispensabili per dare un quadro complessivo e realistico delle evoluzioni che avvengono nel sociale, suggerendo di conseguenza gli stili di comunicazione più aderenti da adottare. "Noi di Mercedes Benz - dichiarò in un suo intervento il dr. Maurizio Alagna nel 1993 - ci siamo resi conto che mantenersi rigidamente ancorati al modello percettivo del passato può rappresentare un grande rischio". Mercedes aveva infatti identificato, attraverso alcune specifiche ricerche di mercato un cambiamento negli stili di vita, nei valori

e nella cultura, del target economico medio-alto di popolazione a cui si rivolgeva. Per ognuno di questi gruppi appartenenti ad un medesimo target ma con differenti stili di vita, livelli culturali e tensioni emotive occorreva identificare una chiave comunicativa appropriata che accompagnasse con equilibrio le nuove proposte di automobili studiate per soddisfare queste identità sociali a loro modo diverse pur appartenenti ad un unico target dal punto di vista delle potenzialità economiche.
L'argomento è lungo e complesso, non adatto ad essere sviluppato in questo ambito. Tuttavia induce ad allargare la riflessione, ripensando ai motivi che hanno portato alla cosiddetta *crisi della comunicazione in Italia*. Fra questi la constatazione che alcune forme comunicative vincenti, che hanno contribuito a rendere storici molti marchi, vengono troppo spesso riprese e rielaborate senza molto scostarsi dall'originale per essere applicate a marchi diversi e concorrenti. In questo modo si omologa la comunicazione e si sviluppa una consuetudine che sembra trasformarsi in regola, la parola più avulsa e nemica della creatività. La creatività non può avere regole, la creatività è lo spazio infinito in cui si libra il pensiero.
La comunicazione nel settore dei generi alimentari ad esempio, si avvale spesso di immagini e concetti collegati alla famiglia, agli amici, ai contesti conviviali in genere. Barilla è stata pioniera di questo messaggio ma non è necessario, anzi non si rivela neppure proficuo attivare gli stessi standard comunicativi per aziende che propongono lo stesso tipo di prodotto. Per pubblicizzare i profumi ci si affida spesso a un mare infinito di modelli e modelle mozzafiato, che osservano lo spettatore con sguardo languido, che spesso attorcigliano i loro corpi perfetti in un immaginario amplesso altrettanto perfetto, avvolti in atmosfere e paesaggi di

sogno. Cosmetici antietà: viso di donna in primo piano, possibilmente noto e notoriamente maturo, decisamente migliorato dal trucco e dalle luci, a cui va il vero merito di quella straordinaria idea di eterna giovinezza. Qualche pubblicitario si è mai chiesto davvero se le donne da casa ricordano la marca del prodotto, oppure si fanno consigliare da commesse più o meno pratiche ed esperte nelle profumerie?
Si tende ad utilizzare messaggi standardizzati in base alla categoria merceologica. È un processo quasi istintivo, dettato dalla consuetudine e a volte dalla superficialità, che impedisce di osservare più minuziosamente i comportamenti sociali, i desideri inespressi eppure latenti. Si lavora sulle immagini, bellissime, mantenendo inalterati i concetti alla base del messaggio. Lo spettatore osserva ma non sa più distinguere. Si ubriaca di bellezza, emozioni, sogni, desideri, viene stuzzicato, ma quando il televisore si spegne, la pagina della rivista si gira o ci si lascia alle spalle l'affissione, il nome del prodotto, svanisce nell'oblio. Paradossalmente si può ipotizzare che campagne che valgono milioni di euro contribuiscano ad incrementare le vendite collegate ad un concetto e non ad un prodotto. Questo avviene perché decine di marchi hanno semplicemente utilizzato i medesimi stili di comunicazione lanciando un identico messaggio, senza riuscire ad accostarlo indissolubilmente con il prodotto. La "crema x" ad esempio riduce le rughe. Il messaggio che si rimanda al pubblico di consumatori è spesso collegato al fatto che questa società teme il degrado che il tempo riserva al corpo. Per farlo si utilizzano parametri standard di comunicazione: primi piani di visi di donne (le sole tra l'altro che si sentono quasi colpevolizzate se invecchiano, le uniche a dover quotidianamente affrontare l'incubo del tempo che passa e mentre lo combattono dimenticano di viverlo),

rughe che miracolosamente vengono riassorbite, atmosfere luminose, colori puri. Il risultato che spesso ne deriva, ricollegandosi all'esempio della crema antietà, è che il consumatore chieda consiglio su un prodotto antirughe, senza richiederne uno specifico. **Il messaggio è slegato dal prodotto** o non si è espresso in forma originale e quindi non si è impresso nella memoria, limitandosi semplicemente a trasferire un concetto inflazionato: l'esigenza di combattere i segni dell'età.

Riprendendo il discorso collegato ai costi della pubblicità, sono da sempre convinto che non sia indispensabile investire budget impressionanti per realizzare un'efficace idea creativa eppure questo avviene di frequente. Molte grandi agenzie sviluppano campagne creative che anche molte piccole agenzie di qualità dimostrano di saper sviluppare. Eppure i budget messi a disposizione dai clienti non sono paragonabili così come possono esserlo le proposte creative.
In effetti esistono clienti disposti a sostenere costi da capogiro per lo sviluppo di idee creative "di marca". Il fatto di essere seguiti da agenzie che portano il nome di grandi creativi rassicura molti imprenditori e manager sulla qualità dell'azione di comunicazione. Questi comportamenti nascono in fondo da ragionamenti compulsivi frequenti in molteplici ambiti e sono piuttosto comprensibili, ma non per questo corretti. Chi ad esempio non si è mai spinto ad acquistare pantaloni in jeans collegati a nomi dell'alta moda, versando cifre tre o quattro volte superiori al loro valore effettivo, nella convinzione infondata che quel materiale sia qualitativamente migliore? In fondo lo scopo della pubblicità e del marketing è anche questo, soddisfare delle aspettative sociali, intime, non direttamente riconducibili al prodotto ma a

ciò che l'uso di quel marchio o di quel prodotto riflette. Non si paga per avere il prodotto ma per usufruire della visibilità e dello status sociale riflessi da quel marchio. La forza del brand rappresenta un elemento di rassicurazione e questo vale anche nel caso della scelta di un'agenzia di comunicazione, che su questo principio fonda la propria stessa ragion d'essere.

Piccole e grandi agenzie: mondi paralleli

Capita spesso di vedere piccole agenzie di provincia, affiancare notissimi nomi di grandi agenzie, in occasione di premi e concorsi nazionali. Queste piccole agenzie, fra cui la mia, vincono premi importanti, perché viene loro riconosciuta la qualità, la creatività, la professionalità e la competenza del proprio staff, dimostrando quindi di essere all'altezza di sviluppare attività di comunicazione tecnicamente all'avanguardia, apprezzabili per efficacia ed originalità. Ottengono in termini di creatività risultati analoghi a quelli delle grandi agenzie, pur lavorando con budget nettamente inferiori. Sulle piccole agenzie di comunicazione si ritorcono spesso contro gli stessi valori e regole su cui si fonda la loro stessa essenza. È frustrante ammetterlo e allo stesso tempo rasserenante. Non si può combattere contro qualcosa che corrode eppure allo stesso tempo nutre. Ci si adatta e si compiono specifiche scelte in funzione della realtà.
Vale quindi sempre la pena affidarsi a grandi nomi per garantirsi la sicurezza di un'azione di comunicazione seria e professionale? Personalmente lo ritengo utile se e solo se quell'agenzia riesce ad offrire davvero un'idea creativa originale ed efficace. La creatività vera ha un valore incommensurabile e quindi un prezzo.

Il paradosso è che per le grandi agenzie si tende a volte a sopravvalutare idee creative in realtà deboli soltanto perché ideate da un'agenzia nota. In questo caso, investire risorse economiche ingenti in "consuetudini creative", per quanto ben realizzate sul piano tecnico, lo considero uno schiaffo morale ed uno spreco.
Dall'altra parte è frequente che una piccola agenzia si trovi a dover combattere per veder riconosciuta la propria capacità creativa, non percepita all'esterno come un valore e quindi anche difficilmente quantificabile dal cliente sul piano economico.
Tornando a parlare di agenzie più piccole, va detto che esse devono spesso vedersela non solo con la necessità di formulare proposte originali e vincenti, ma anche lottare affinché il cliente ne comprenda il peso, compreso quello economico e devono spesso offrire consulenza mirata ad ottimizzare il budget a disposizione.
Per una piccola agenzia quindi, spesso la situazione si inverte totalmente rispetto a quella grande. Le imprese che chiedono di comunicare, magari per la prima volta, si aspettano di ottenere risultati investendo risorse effettivamente esigue. Hanno le idee confuse sui costi di produzione e spesso grande difficoltà ad attribuire un valore economico all'idea creativa e al lavoro intellettuale da cui scaturisce. Per la piccola agenzia di comunicazione niente è semplice. Ascolta, elabora proposte ma oltre a questo deve anche fare in modo che il valore del proprio lavoro intellettuale venga realmente recepito, anche dal punto di vista economico. Deve formare il cliente sul significato di comunicazione e su come se ne applicano i principi.
La professionalità ha un costo, così come la serietà, la competenza e la fiducia. Nessun imprenditore al mondo è disposto a svendersi, così come non deve esserlo l'imprenditore in comunicazione. L'imprenditore di una piccola agenzia ha l'arduo compito

di riuscire a riassumere nella sua figura numerose competenze: la capacità di ascolto ed analisi e quindi la consulenza, la personalizzazione e quindi la creatività, la formazione e quindi la capacità di guidare il cliente in un ambito a lui spesso totalmente sconosciuto per il quale non ci sono responsabili marketing o comunicazione interni all'azienda in grado di dare le linee guida per lo sviluppo della comunicazione. Un serio comunicatore sa proporre al cliente azioni specifiche, cucite su misura in base ai bisogni espressi e al budget a disposizione. Allo stesso tempo il cliente deve avere ben chiaro che le potenzialità di diffusione del messaggio pubblicitario sono direttamente proporzionali con il budget messo a disposizione.
Nella mia esperienza imprenditoriale mi sono spesso imbattuto in situazioni a volte frustranti, in cui si verificava la necessità di dover spiegare, se non addirittura giustificare ciò che per una grande agenzia è consolidato: il significato del proprio lavoro. A volte è chiaramente percepibile la mancanza di una "cultura della comunicazione", che chiarisca alle imprese meno abituate a comunicare, il senso profondo ed il valore di questa azione. Anche per questo nel 2004 ho concepito ed organizzato la prima edizione del *Communication Day*, diventato appuntamento fisso nella città di Ferrara per gli anni successivi.

Il Communication Day: un contributo alla comunicazione professionale

L'idea di organizzare un evento che contribuisse a diffondere il significato della comunicazione d'impresa, si fece lentamente strada dentro di me, mano a mano che procedevo nella mia esperienza di

imprenditore e si espresse per la prima volta concretamente nel 2004, quando Inside btb organizzò la prima edizione del Communication Day.
Desideravo coinvolgere il maggior numero di imprese e realtà aziendali, per abbattere certi pregiudizi legati a questo "universo" ancora troppo spesso sottovalutato e semi-conosciuto, dimostrando, attraverso il racconto diretto di imprenditori italiani rinomati ed il supporto di creativi riconosciuti a livello nazionale ed internazionale, che la comunicazione d'impresa non rappresenta un "capriccio" estetico e "vanesio" ma è direttamente riconducibile al business e partecipa attivamente alla crescita dei fatturati.
Certo, anche in questo caso si è trattato di una sfida che ho rivolto principalmente a me stesso, non avendo a disposizione strumenti e informazioni che mi permettessero di ipotizzare il gradimento del pubblico rispetto a questa tematica. Però, a me le sfide sono sempre piaciute e questo progetto, a cui ho creduto profondamente fin da subito, vide me e i miei collaboratori impegnati con grande entusiasmo e determinazione.
Nessuno fino ad allora aveva pensato di proporre a Ferrara, una giornata unica sul tema della comunicazione d'impresa e della pubblicità, una comunicazione, quindi, giocata su più livelli. Un esperimento riuscito quindi, considerando che negli anni successivi si è trasformato in un evento atteso e partecipato, che oltre agli imprenditori locali, agli ospiti illustri (creativi e impresari), ha coinvolto scuole superiori e università e quindi studenti entusiasti di mettere in gioco il loro ingegno creativo.

La prima edizione del 2004, svoltasi al Ridotto del Teatro Comunale di Ferrara, aveva tutte le caratteristiche di un grande debutto: l'ansia dell'esordio si mescolava ad un forte entusiasmo. Sapevo di avere delle buone carte da giocare ma senza la certezza del risultato, che però per fortuna arrivò e, proprio in considerazione di questo primo successo e la positiva collaborazione con l'Unione degli Industriali e la Provincia di Ferrara, l'anno successivo il Communication Day si realizzò nelle sale più capienti della sede dell'Unione degli Industriali, con Giovanni Rana come ospite d'eccezione, che seppe conquistare il pubblico con la semplicità e la genuinità che da sempre lo caratterizzano, ripercorrendo alcuni momenti fondamentali della sua carriera.

Giovanni Rana: testimonial di se stesso

Rana ha mosso i primi passi da imprenditore tra le campagne veronesi, di cui è originario, mettendo in piedi un piccolissimo pastificio artigiano. Grazie all'aiuto di qualche volenterosa signora, aveva iniziato a produrre tortellini fatti a mano, che rivendeva poi di casa in casa servendosi di una vecchia Moto Guzzi come mezzo di trasporto. L'attività faceva progressi e indusse Giovanni Rana a rivolgersi anche alle botteghe alimentari prima e a qualche piccolo supermercato poi. **La vera svolta, però, gliela diede la pubblicità**. È evidente che a Giovanni Rana la stoffa del bravo imprenditore non è mai mancata: non vi è dubbio che la sua lungimiranza e la sua capacità di affrontare le sfide, anche mettendosi in discussione, sono stati gli ingredienti principali del successo che è poi riuscito a raggiungere. Ma senz'altro, va riconosciuto il merito anche alla professionalità di abili consulenti che l'hanno aiutato a trovare una chiave comunicativa particolarmente vincente, facendolo comparire negli spot tv nei panni del

testimonial di se stesso. Doveva essere un semplice esperimento, un piccolo azzardo di cui non si potevano conoscere gli esiti, che invece superarono ogni aspettativa e si portò così alla ribalta a livello nazionale un prodotto fino ad allora strettamente locale.
Quando però Giovanni Rana coinvolse addirittura Pavarotti con l'intenzione di dare valore aggiunto alla promozione dei suoi prodotti, i risultati furono disattesi e l'imprenditore tornò ben presto a comunicare il suo prodotto con la formula originaria. Il consumatore si era "abituato" a ricevere rassicurazioni sul prodotto, proprio dal produttore, che ci metteva la sua faccia.
Non sempre le logiche comunicative che valgono per un Paese, funzionano in un Paese straniero. Dopo il successo guadagnato, Rana pensò di promuovere i tortellini anche in Francia e in Spagna, proponendo in questi Paesi lo stesso format pubblicitario utilizzato in Italia, entrando così nelle case estere con il suo faccione sorridente. I risultati furono deludenti e Giovanni Rana, che crede nel valore aggiunto di una buona comunicazione strategica, decise di affidare la campagna pubblicitaria in questi Paesi ad agenzie di comunicazione spagnole e francesi, molto più vicine alle sensibilità e alle tradizioni locali.
Nonostante quindi i linguaggi pubblicitari seguano spesso logiche comuni, in questo settore non vi è nulla di assodato, e scontato: la conoscenza del prodotto, del target di riferimento, del Paese, tutte quelle informazioni fondamentali, cui spesso si giunge anche con doviziose ricerche di mercato, costituiscono la base per una comunicazione davvero strategica, veramente indirizzata a raggiungere gli obiettivi aziendali e non ad esprimersi in un mero esercizio creativo fine a se stesso.

Francesco Amadori: uomo di... parola

L'anno successivo, 2005, ospite del Communication Day fu Francesco Amadori, anch'egli abile testimonial del proprio prodotto. Amadori raccontò al pubblico la sua iniziale reticenza all'idea di mettersi di fronte alla telecamera, per promuoversi. Si trattò di una specie di violenza che fece verso se stesso, abituato fino ad allora ad operare "dietro le quinte" come imprenditore e non certo avvezzo a mostrarsi al pubblico né tanto meno aspirante attore. Grazie all'abilità dei suoi consulenti di comunicazione, riuscì tuttavia a superare la timidezza, trasformando la sua "Parola di Francesco Amadori" in un noto tormentone pubblicitario. Nacque così nella mente del consumatore il "Pollo 10 +"!

Porsche Italia: il coraggio di rinnovarsi

Un contributo memorabile, tra i tanti ospiti delle varie edizioni del Communication Day, lo ha dato **Mauro Gentile**, responsabile ufficio stampa di **Porsche Italia**, raccontandoci, **nell'edizione del 2007**, gli anni difficili affrontati in passato dall'azienda e i termini con cui si riuscì a fronteggiarla, investendo anche in comunicazione.

Porsche attraversò una fase di crisi verso la fine degli anni Ottanta, periodo in cui l'azienda stava investendo nei nuovi modelli della storica 911 e della 924, un'auto sportiva dal costo maggiormente accessibile. L'azienda percepiva in quegli anni la difficoltà di fronteggiare i cambiamenti sociali ed economici in atto: il lavoro continuava ad essere troppo artigianale, la produzione di vetture a tiratura ridotta era particolarmente dispendiosa, persino l'organizzazione interna, piuttosto rigida e gerarchica, molto diversa rispetto ad oggi, costituiva un freno allo sviluppo.

Porsche, che ha sempre fondato il proprio lavoro su determinati valori mai mutati nel tempo, iniziava tuttavia a rendersi conto che era giunto il momento di riorganizzarsi internamente, di rivedere il suo modo di produrre, di proporsi al pubblico di riferimento. Si trattava ormai di un passaggio obbligato che avrebbe dovuto dare nuova energia e nuovo vigore all'azienda ma senza tuttavia snaturarla, rispetto ai valori fondanti che l'avevano resa grande nel tempo e che costituivano le radici profonde della sua stessa identità di marca. La famiglia Porsche iniziò quindi a rinnovarsi partendo dall'organizzazione interna e la decisione di nominare nuovo presidente del consiglio di amministrazione Wendelin Wiedeking diede l'input per la ripresa. L'azienda, avviando un confronto "umile" e costruttivo con altre case automobilistiche, modificò i sistemi di produzione. L'organizzazione gerarchica da "verticale" passò ad essere "orizzontale", investendo soprattutto sulla comunicazione interna, favorendo la condivisione del valore del marchio a partire dagli stessi dipendenti, a cominciare dalla catena di montaggio, per generare un senso di appartenenza, simile a quello di una famiglia che, aderendo ai medesimi principi, impegna in sinergia le proprie forze interne, per favorire la diffusione di una passione comune: quella per le automobili belle, dinamiche, sportive, uniche, per persone che si sentono uniche.

Enrico Dorizza: quando vince la "semplicità"

Quello stesso anno ospitammo un altro nome di eccezione, fra i creativi: **Enrico Dorizza**, Group Creative Director dell'agenzia di pubblicità Leo Burnett Italia, fresco vincitore di un Leone d'Oro al Festival dell'Advertising di Cannes per lo spot "Aqualtis" di Ariston.

Illuminante il suo intervento sull'importanza della semplicità

delle idee creative: a differenza di quello che comunemente si può immaginare, infatti, molto spesso le idee migliori sono quelle più semplici. Alla base di uno spot, un prodotto o un progetto vincenti c'è, nella maggior parte dei casi, un'idea semplice, poiché questa per sua natura è largamente condivisa e facilmente trasmissibile. Molto spesso, inoltre, la semplicità delle idee fornisce ulteriori spunti, innescando una sorta di fruttuosa "catena creativa".
Dorizza raccontò com'è nato lo spot realizzato per Ariston che gli è valso il Leone d'Oro a Cannes nel 2006, la famosa pubblicità del bambino che osserva l'oblò di una lavatrice e vede reggiseni che sembrano conchiglie, foulard che ricordano meduse e calzini a forma di pesce. La sfida che era stata posta al creativo Dorizza, fu quella di riuscire a trasmettere al pubblico, l'idea di una lavatrice profondamente diversa dalle altre in commercio. Come fare? Attingendo nei nostri "cassetti della memoria", ricercando associazioni di idee, rivisitando luoghi comuni largamente condivisi, raccogliendo tutto questo materiale di informazioni per tramutarlo in un'idea originale e semplice e, in quel caso, Dorizza ci riuscì egregiamente.

Enrico Finzi: capire il mondo che ci circonda

Ospite graditissimo e ricorrente del Communication Day è Enrico Finzi, fino a poco tempo fa presidente di TP, l'Associazione Italiana Pubblicitari Professionisti che ogni anno mi ha sostenuto nell'organizzazione di questo evento. Ho avuto il piacere di invitarlo più volte, non solo per l'amicizia di lunga data che ci lega ma soprattutto perché ho grandissima stima della sua professionalità.
Finzi è un sociologo che, da qualche anno ormai, si dedica con particolare dedizione alle ricerche sociosemiotiche. Con lui mi

sono più volte confrontato sull'importanza di fare ricerca anche nell'ambito della comunicazione. Non a caso, ultimamente, si parla molto di questa disciplina del tutto innovativa, poiché coniuga al suo interno modelli di interpretazione che derivano sia dalla sociologia che dalla semiotica. Di fronte alle crescenti trasformazioni degli scenari sociali, che continuamente costringono anche il creativo a ridefinire i processi di comunicazione, si avverte sempre di più l'esigenza di un rinnovamento dei tradizionali paradigmi di ricerca. La sociosemiotica è particolarmente utile anche nell'ambito della comunicazione, poiché offre preziosi suggerimenti sulle corrette strategie da adottare, soprattutto se si desidera comprendere quali sono i valori percepiti di un'azienda, quale sia effettivamente il suo target di riferimento o quali aspettative nutrano i consumatori di fronte a un brand o a un prodotto. Proprio grazie ad una ricerca di Finzi, al Communication Day del 2008 è stato affrontato il tema della felicità dei consumatori in Italia. Dalla ricerca è emerso che gli italiani sono realmente affezionati solo a 13 marche delle 19.000 esistenti. Le caratteristiche principali di tali brand sono:

1. alta persistenza del prodotto, quindi non la sua continua innovazione;
2. elevato grado di utilità dei prodotti che propongono;
3. alta qualità degli stessi, dovuta al loro consolidamento negli anni;
4. percezione di "simpatia" della marca, poiché non pretende che il consumatore si adegui a determinati schemi;
5. capacità di interazione con il proprio target di riferimento.

Tutto questo contribuisce a creare "felicità", data principalmente dall'utilità del prodotto stesso. In sostanza, per rendere felice il consumatore, e conseguentemente per fidelizzarlo, bisogna offrire soluzioni di prodotto che permettano di avere più tempo per sé, soluzioni che facilitino la vita. Oggi, la spinta verso l'iperconsumo (tipica degli anni '80 e '90) si scontra col desiderio della gente di scremare anziché aggiungere. Ciò che le aziende quindi dovrebbero fare per avere successo, è investire nella semplificazione della loro offerta piuttosto che nell'abbondanza.

Ricordo con entusiasmo l'edizione del 2008 "Eccellere non basta, quando si può essere unici". A quell'edizione partecipò Lorenzo Marini, fondatore e direttore creativo dell'agenzia "Lorenzo Marini e Associati", Leone d'oro a Cannes per lo spot della pasta Agnesi e vincitore di quattro Key Awards. Marini sostiene, ed io lo confermo, che se si vuole essere creativi, non basta frequentare altri creativi ma si deve anche prendere spunto da discipline diverse da quella pubblicitaria, in pratica da tutto quello che ci circonda e che la vita ci offre.

Sono convinto che per essere davvero creativi, sia indispensabile aver voglia di esplorare nuovi mondi alla ricerca di nuovi linguaggi.

Lorenzo Marini: la creatività è ovunque la cerchi

Per far passare questi nuovi linguaggi, è però indispensabile saper convincere, chi ancora non li ha esplorati né conosciuti, della loro validità. Quando, assieme al proprio copywriter di allora Roberto Gorla, Lorenzo Marini presentò per la prima volta Silenzio, parla Agnesi, sembrava che l'idea non piacesse a nessuno. Lorenzo e il suo copy si sono battuti come due leoni per far passare l'idea, che si è trasformata in uno spot storico. Il concetto è semplicissimo e la sua rappresentazione attraverso lo spot girato nel

1989, apparentemente ancor più semplice: attorno ad una tavola imbandita, diverse persone mangiano una pasta senza proferir parola. Silenzio inusuale in un simile contesto di convivialità, ma la scritta in sovraimpressione ne spiegava i motivi: "Non stupitevi di tutto questo silenzio. È normale quando la pasta è Agnesi". Marini si è assicurato con questa idea semplice ed immediata i più importanti premi internazionali, Leone di Cannes compreso. Ma cos'è la creatività, e, soprattutto, da dove arriva la vena creativa? Secondo Lorenzo Marini, la creatività non arriva da nessuna parte. Semplicemente esiste. "Come esiste l'autunno, il mare, il colore rosso, il ghiaccio, il vento". Il punto è: come si usa? Come si gestisce la creatività? A questa domanda, mi piace sempre rispondere che sono le idee che producono soldi, non viceversa. Creatività, come dice Lorenzo Marini, è "l'equilibrio tra ragione e follia, tra sogno e realtà. La creatività non è solo una tecnica da applicare a qualche lavoro specifico. È la vita stessa. Ogni uomo: il cuoco è un creativo, il fiorista è un creativo, e anche chi ha inventato il Kamasutra è un creativo". La creatività non è un messaggio, non è uno spot: non è più "un trenta secondi", non è più un outdoor, non è più uno spot radiofonico: la creatività è un modo di vivere".

"La comunicazione d'impresa, strumento strategico per affrontare la crisi", questo era il titolo del **Communication Day 2009**.

Marco Cremona: "L'emozione dello spot di Gandhi"

Tra gli altri ospiti, in quell'edizione coinvolgemmo Marco Cremona, Executive Creative Director dell'agenzia di pubblicità McCann-Erickson e Platinette, speaker radiofonico e personaggio televisivo.

Marco Cremona ha firmato il copywriting del famoso spot "Gandhi" per Telecom Italia, Leone di Bronzo al Festival Internazionale della Pubblicità di Cannes nel 2005. Cremona raccontò che all'epoca dell'assegnazione di questo spot, Telecom non attraversava un periodo felice ma, investendo anche in comunicazione e pubblicità, rivedendo in particolare i codici di comunicazione fino ad allora adottati, l'azienda ne uscì con una nuova notorietà ed una nuova percezione del marchio da parte dei consumatori. Lo spot in particolare, ebbe un grandissimo successo di pubblico e di critica, facendo molto parlare di sé e dell'azienda.
Dal punto di vista estetico, artistico, tecnico, questo lavoro è strepitoso. L'idea di base è geniale e il risultato a dir poco commovente. Lo spot mostra Gandhi in una capanna. Il padre della non violenza parla di fronte a una webcam. Lo ascoltano persone da tutto il mondo, grazie a diversi mezzi di comunicazione: una coppia seduta di fronte al Colosseo sul telefonino, un gruppo di uomini d'affari nel centro londinese, un cinese seduto di fronte alla televisione, due masai con il computer portatile, una folla negli Stati Uniti, donne e soldati nella Piazza Rossa grazie al maxischermo. Alla fine compare un claim: "Se avesse potuto comunicare così, oggi che mondo sarebbe?". Le immagini in bianco e nero sono state girate da un regista famoso per il suo impegno politico, l'americano Spike Lee. Quando gli autori dell'agenzia gli hanno proposto il soggetto della pubblicità, Lee ha risposto:"Per me è un onore". Perché dallo spot viene un grande messaggio di pace. Il messaggio trasmesso dalla pubblicità in questione è che la comunicazione può cambiare il corso della storia. Gandhi è stato un uomo che ha utilizzato la comunicazione come strumento di trasmissione del proprio pensiero di amore e lo spot lascia intendere quanto, quell'amore si sarebbe più diffusamente esteso

nel mondo se quell'uomo avesse potuto avvalersi degli strumenti tecnologici di comunicazione di cui disponiamo oggi.

Amarcord con Platinette

Altro gradito ospite del Communication Day 2009 fu Platinette, poliedrico personaggio da sempre protagonista della realtà mediatica italiana della quale ha maturato una notevole esperienza. La sua carriera abbraccia tutti i media, dal giornalismo alla televisione di spettacolo ai programmi radiofonici al teatro. Proprio in virtù di questo ricco "bagaglio conoscitivo" è stata invitata a partecipare all'evento e a commentare insieme ad altri esperti della comunicazione le tematiche affrontate durante l'intero convegno. L'allegria e lo humor che la contraddistinguono hanno contribuito ad instaurare un'atmosfera piacevole e informale, in cui la professionalità degli incontri è stata mitigata dai suoi sketch improvvisati. Provocatoria e un po' irridente, tra una battuta e l'altra ha saputo sollevare questioni interessanti e suggerire spunti per serie riflessioni sui contenuti trasmessi dalle pubblicità. Uno su tutti, il suo racconto di inviato per un'emittente radiofonica al funerale di Pietro Barilla e il suo ricordo di questo grande industriale, che manifestò tutta la sua lungimiranza imprenditoriale e comunicativa, attraverso i noti spot pubblicitari che oltre al marchio trasmettevano al consumatore anche i valori e la passione da cui nasceva il prodotto che si invitava a preferire rispetto ad altri. Gli spot Barilla raccontano storie, ricche di sfumature e dettagli che catturano lo spettatore, soprattutto sul piano emotivo. Ogni spot mostra una grande cura per il colore, l'ambientazione, la gestualità: nessun personaggio si esprime a parole, ed il risultato è di nuovo una pubblicità "calda", coinvolgente, che rispecchia una vita ideale fatta di valori come la famiglia, l'amore, la casa.

Platinette ha condotto il pubblico in questo appassionante “amarcord”, su Barilla ma anche su altri noti marchi e spot pubblicitari: chi non associa al nome “Ambrogio” la “contessa”, dei Ferrero Rocher? Chi non associa il Natale e la Coca Cola sentendo cantare “in magica armonia”?
Platinette ha parlato degli spot anni ’80, che erano diversi da quelli di adesso, e che rispecchiavano fedelmente lo stile di vita di quegli anni. Anni in cui dominava nella pubblicità la rappresentazione di scorci di vita serena e rassicurante. Gli anni ’80 erano anni frivoli, era il periodo in cui gli uomini mettevano in faccia il cerone, si schiarivano i capelli e indossavano i jeans con il risvolto, mentre le donne sfoggiavano scaldamuscoli e calze a rete ad imitazione di Madonna. Gli spot pubblicitari sono la rappresentazione della vita stessa, dei suoi ritmi e delle sue peculiarità. Confrontare gli anni Ottanta con “Carosello” e con la comunicazione pubblicitaria odierna è emblematico del cambiamento dei tempi.

Il 2009, inoltre, ha rappresentato l’occasione per proporre al pubblico la nuova campagna pubblicitaria TP – Associazione Italiana Pubblicitari Professionisti…e meno male! E’ così intenso l’impegno a promuovere il lavoro dei nostri soci, che alcune volte dimentichiamo che anche la nostra associazione ha bisogno di rinnovare il proprio look.
La campagna (visionabile online sul sito TP nella sezione Archivio News) vuole rafforzare l’idea di una struttura di professionisti presente in tutta Italia e, soprattutto in tempo di crisi, trasmettere un messaggio forte rispetto all’importanza di investire nella creatività: essa è, infatti, linfa vitale non solo per noi comunicatori ma anche per le stesse aziende, che con il nostro

aiuto si presentano al pubblico nel proprio abito migliore. Perché è vero che l'apparenza non è tutto, ma credo sia importante che essa sia in accordo con la sostanza e, più di ogni cosa, che sappia comunicarla nel migliore dei modi.

Visto il periodo infelice che l'economia mondiale sta attraversando negli ultimi anni, **l'edizione del 2010 del Communication Day**, si è contraddistinta per una serie di riflessioni sulla capacità di trovare un modo originale per uscire dalla crisi.

Mario Picchio: cercare l'oceano blu

Mario Picchio, Amministratore delegato di Roland DG Mid Europe, uno degli importanti ospiti di questa edizione, ha cercato di contestualizzare l'attuale momento storico facendo riferimento anche alla teoria dell'oceano blu.
Lo scenario economico attuale propone quantità smisurate di prodotti dal ciclo di vita breve, una forte proliferazione di marche e messaggi pubblicitari, il tutto in una realtà fatta di segmenti di mercato sempre più frammentati all'interno dei quali i volumi si sono drasticamente ridotti e le quote di mercato sono insufficienti a far sopravvivere le aziende. Gli imprenditori si concentrano nel tentativo di salvare le proprie attività, troppo spesso sottovalutando la ricerca di nuovi spazi competitivi, riflessione invece preziosa per capire come innovarsi e continuare il percorso imprenditoriale su terreni più fertili.
La crisi ma soprattutto la forza propulsiva che l'ha innescata, ha causato il crollo di un paradigma sociale fondato sui consumi e la nascita di un'economia basata sul bisogno reale. Stiamo vivendo ora una fase di sovrapposizione e non sappiamo, in questo momento di transizione, quale forma stia assumendo questa nuova realtà. Siamo

sempre più ingabbiati all'interno di confini di settore, cerchiamo di erodere quote di mercato su domande reali esistenti invece di crearne altre, tutti competono solo sull'offerta economica ed è perciò aumentato il potere del consumatore finale. La strategia vincente appare dunque quella di analizzare la catena degli acquirenti e spostare il focus su quei gruppi che prima si trascuravano, per re-inventare una nuova curva del valore che consenta di proporre prodotti e servizi privi di concorrenza, per "Vincere senza competere", appunto.

Pasquale Diaferia: l'innovazione da non sottovalutare

L'innovazione assente in tutte quelle aziende alle prese con il proprio istinto di autoconservazione è invece per **Pasquale Diaferia**, Direttore Creativo di Young & Rubicam Grey, la chiave di volta per non soccombere a situazioni di difficoltà in realtà cicliche; con l'innovazione si superano le crisi, si dà più valore al proprio lavoro, alle proprie marche o prodotti.

E dov'è l'innovazione? Alle nostre spalle. Il poeta e scrittore Gian Piero Bona una volta ha detto che l'uomo creativo osserva le cose vecchie con occhio nuovo. Occorre ritornare alle origini, ai capisaldi del mestiere, ricominciando a considerare la finanza una delle leve dell'azienda e portando idee nuove. **Non c'è nulla da inventare, poco si crea e poco si distrugge, c'è solo da osservare da un diverso punto di vista**: occorre un fruitore attento e grande intelligenza per poterlo sedurre. E non occorre urlare il prodotto o il marchio: l'intelligenza che presuppone la circolarità consente di capire ugualmente il messaggio, focalizzandosi sui contenuti. Riallacciandosi a ciò che afferma Mario Picchio citando Thomas Friedman, l'ultima frontiera della circolarità è l'interazione consentita dalla tecnologia, che deve essere un mezzo e non un fine. Bill Bernbach sosteneva infatti che tutti attraverso i media diamo forma alla società: il risultato che otteniamo, elevarla piuttosto che farla scadere, dipende dall'uso che ne facciamo.

Massimo Guastini: il social network è connaturato nell'uomo

Massimo Guastini, Direttore creativo copy Cookies Adv, ha introdotto un altro tema attualissimo: quello dei social network, riflettendo su come possano far cambiare la comunicazione e se davvero costituiscano una minaccia per la pubblicità. Innanzitutto, egli sostiene che i social media non sono una moda, in quanto l'uomo nasce per interfacciarsi, tanto che rinunciare all'interazione costituisce una sorta di tortura per l'essere umano. Aristotele definì l'uomo zoon politicon, un animale sociale, concetto ripreso da Seneca in epoca romana e che ha costituito la linfa vitale dell'intero filone di discipline antropologiche e sociologiche: basti pensare che la politica nasce proprio per gestire la vita di comunità, mentre gli studi del comportamento e della psiche considerano devianza, e in alcuni casi patologia, l'incapacità di rapportarsi con gli altri. **I social network, dunque, non sono altro che un nuovo modo per esprimere reti di connessioni preesistenti alla tecnologia e che costituiscono un'esigenza ancestrale connaturata all'individuo**. Un'altra necessità umana, o forse piuttosto una sentinella, che ci preserva dalla follia per sovraccarico di informazioni è il meccanismo della rimozione. Grazie ad esso la nostra memoria conserva solo una minima parte del bombardamento nozionistico che tutti i giorni riceviamo, e similmente accade anche nei confronti della pubblicità; quotidianamente, infatti, siamo esposti a centinaia (in alcuni casi migliaia) di messaggi pubblicitari che tentano di fare breccia e sedimentarsi tra i nostri ricordi, di questi se ne salvano mediamente dai cinque ai sette. Per lasciare il segno occorre coinvolgere il consumatore e non strillargli in faccia il prodotto che si vuole vendere, come esprime molto bene la distinzione che Guastini fa tra **"pubblicità postino"** e **"pubblicità megafono"**. Affinché la mente umana rimanga colpita e dunque sia portata a ricordare deve essere stimolata, indotta ad assimilarne gli elementi, e ciò accade quando vi è una partecipazione attiva. **Uno dei migliori esempi di stimolo e di modalità di interfacciarsi è il gioco**, attività efficacemente adottata anche dai comunicatori per raggiungere il proprio target. Noi stessi di Inside btb abbiamo proposto al pubblico un breve gioco di carte durante il Communication Day 2009, un'attività semplice ma coinvolgente che favorisce la memorizzazione di chi lo propone. Interfaccia, anche in termini informatici, vuol dire proprio questo: predisporre una porta che consenta di scambiarsi informazioni, interagire e soprattutto condividere. Le "neonate" forme di comunicazione e marketing, come il "guerriglia marketing", il "viral marketing" o ancora il "buzz marketing", si sviluppano proprio a partire da questi principi di gioco, coinvolgimento e contaminazione. Internet amplifica enormemente, anche attraverso i social network, le possibilità di comunicare: si tratta solo di conoscerne i meccanismi e saperli sfruttare.

Proprio per rimanere in tema di pubblicità, ho scelto di concludere ogni edizione del Communication Day con la **proiezione degli spot vincitori al Festival Internazionale dell'Advertising di Cannes**, per celebrare la migliore creatività internazionale.

Communication Day... dalla prima all'ultima edizione

I edizione - 9 marzo 2004

Comunicatore si nasce - ed io modestamente lo nacqui - professionista si diventa

Testimonianze, attualità, nuovi strumenti, case history: l'importante contributo di professionisti della comunicazione insieme a testimoni chiave di istituzioni e imprese del territorio per l'orientamento professionale dei giovani e l'aggiornamento delle aziende.

Relatori:
Giovanni Cottardo, presidente TPP
Maurizio Rompani, direttore Generale TPP
Lorenzo Marini, direttore creativo Agenzia Marini Dotti & Associati TPP
Luca Targa, CEO Inside btb, direttore marketing Gruppo Auxesia, TPP
Filiberto Tartaglia, docente di Marketing, Corso di Laurea in Scienze della Comunicazione all'Università di Ferrara
Carlo Alberto Roncarati, presidente Camera di Commercio Ferrara
Umberto Baglietti, presidente Gruppo Giovani Industriali di Ferrara
Gianlugi Zaina, amministratore delegato F.B.P SpA Avon Celli
Claudio Bighinati, giornalista, responsabile marketing Network Antenna Verde

Introduce:
Nevio Ronconi, presidente Agenzia Tuttifrutti, coordinatore regionale TPP

Moderatore:
Riccardo Forni, giornalista, componente della commissione "Esami e formazione" TPP

II edizione - 9 marzo 2005

L'attività di comunicazione della Piccola e Media Impresa italiana

I dati di una recente ricerca – voluta da UNICOM – a confronto con storie di successi commerciali costruite investendo in una comunicazione.
A raccontarsi, protagonisti dell'imprenditoria nazionale e del territorio, professionisti della comunicazione e testimoni delle istituzioni chiave.

Discorso di apertura:
Gianni Negrini, presidente Unione degli Industriali della Provincia di Ferrara
Umberto Baglietti, presidente Gruppo Giovani Imprenditori della Provincia di Ferrara

Introduzione e commento della ricerca:
Lorenzo Storna, presidente UNICOM Unione Nazionale Imprese di Comunicazione
Paolo Romoli, direttore generale UNICOM
Relatori:
Roberto Mascellani, presidente SINTECO
Lorenzo Marini, TPP, direttore creativo Lorenzo Marini e Associati

Giovanni Rana, presidente Pastificio Rana
Caterina Brancaleoni, direttore SIPRO – Agenzia per lo Sviluppo Ferrara
Vittorio D'Amato, presidente Akron, esperto di gestione dei processi di cambiamento

Moderatore:
Luca Targa, CEO Inside btb, direttore marketing Gruppo Auxesia, TPP

III edizione - 9 marzo 2006

Il mercato globale: un'occasione per comunicare la tua impresa

All'interno di questa edizione del Communication Day si è svolta la mostra "Grandi Grazie alla Pubblicità", i manifesti più belli della pubblicità italiana e le campagne più significative di aziende come Martini, Barilla, Lavazza, Star, Perugina e Pirelli che hanno reso celebre l'advertising italiano. Mostra introdotta e commentata da Maurizio Sala dell'agenzia Armando Testa.

Relatori:
Mario Moretti Polegato, presidente del Gruppo Geox
Francesco Amadori, presidente del gruppo Amadori
Maurizio Sala, vicepresidente e direttore creativo dell'agenzia di pubblicità Armando Testa
Enrico Finzi, presidente TP e dell'Istituto Astra Ricerche
Aldo Biasi, amministratore unico di Aldo Biasi Comunicazione, TPP
Claudio Bighinati, direttore marketing Publivideo 2

Rossella Sobrero, vicepresidente Unicom
Filiberto Tartaglia, docente di Marketing e public speaking, Corso di Laurea in Scienze della Comunicazione all'Università di Ferrara
Luca Targa, CEO Inside btb, TPP

IV edizione - 9 marzo 2007

Spazio alle idee: innovazione e creatività al servizio della tua impresa

Un'economia caratterizzata da asset intangibili, come quella di oggi, non può che basarsi sulle nuove idee per progredire. Idee al servizio delle imprese, quindi, intese sia come portatrici di conoscenza per innovare e migliorare i prodotti, sia come fondamento della comunicazione strategica e creativa che mira al perfezionamento comunicativo tra attori interni ed esterni all'azienda.
Nella convinzione che soltanto attraverso la nascita e lo sviluppo delle idee efficaci possa instaurarsi quel circolo virtuoso che permette ad un'impresa di avere successo, esperti di comunicazione e pubblicità, imprenditori e docenti universitari si confrontano su un tema quanto mai attuale.

Discorso di apertura:
Piero Puglioli, presidente Confinfindustria Ferrara
Andrea Barzetti, presidente Gruppo Giovani Imprenditori della Provincia di Ferrara

Relatori:
Alberto de Martini, amministratore delegato agenzia di pubblici-

tà Red Cell SpA
Stefano Zecchi, responsabile marketing Carife
Romano Billet, docente e consulente di comunicazione strategica e creativa, TPP
Lorenzo Storna, presidente Unicom
Loris Casadei, amministratore delegato Porsche Italia
Enrico Finzi, presidente TP e presidente Astra Ricerche
Enrico Dorizza, group creative director agenzia di pubblicità Leo Burnett Italia
Maurizio Rompani, docente di Etica della Comunicazione, Facoltà di Lettere e Filosofia dell'Università degli Studi di Ferrara e Direttore TP
Massimo Boraso, presidente Studio Boraso.com

Moderatore:
Luca Targa, CEO Inside btb, direttore marketing Gruppo Auxesia, consulente di comunicazione d'impresa, TPP

V edizione - 6 marzo 2008

Eccellere non basta quando si può essere unici. La comunicazione oltre i sistemi convenzionali per contribuire al successo dell'impresa.

La comunicazione si apre a nuovi orizzonti, l'utente si appassiona, si innamora del marchio, non accetta di lasciarsi "accalappiare", sceglie. Il nuovo business non può prescindere da una comunicazione creativa capace di stupire, attrarre, emozionare, catturare.

Discorso di apertura:
Filippo Manuzzi, vicepresidente Gruppo Giovani Imprenditori della Provincia di Ferrara

Relatori:
Daniele Maestrami, amministratore delegato AdmCom
Lorenzo Storna, presidente Unicom
Andrea Rigoni, amministratore delegato Rigoni di Asiago
Massimo Boraso, presidente Studio Boraso.com
Lorenzo Marini, presidente e direttore creativo agenzia di pubblicità Lorenzo Marini & Associati
Enrico Finzi, presidente TP e presidente Astra Ricerche

Moderatore:
Luca Targa, TPP, CEO Inside btb e consulente di comunicazione d'impresa

VI edizione - 9 marzo 2009

La comunicazione d'impresa, strumento strategico per affrontare la crisi

La crisi economica sta investendo tutti i settori dell'economia mondiale. Ma i momenti di difficoltà possono trasformarsi in opportunità per le aziende, se esse sono in grado di mettere in atto nuove strategie per vincere la sfida della competitività. Proprio la comunicazione d'impresa si rivela uno degli strumenti strategici più incisivi.

Discorso di apertura:
Aldo Modonesi, assessore al commercio e alle attività produttive del Comune di Ferrara

Relatori:
Eva Pancaldi, vicepresidente del Gruppo Giovani Imprenditori della Provincia di Ferrara
Biagio Vanacore, presidente TP
Marco Cremona, executive creative director dell'agenzia di pubblicità McCann-Erikson
Lorenzo Storna, presidente Unicom
Platinette, speaker radiofonico, opinionista e personaggio tv, cantante e attore
Luca Targa, CEO dell'agenzia Inside btb, TPP

VII edizione - 15 marzo 2010

Vincere senza competere. La nuova sfida dell'impresa in tempo di crisi
Reinterpretare la propria posizione per una comunicazione unica e innovativa, creare possibilità di crescita illimitate e uscire dalla crisi. Le nuove frontiere del web 2.0

Relatori:
Luca Targa, CEO dell'agenzia Inside btb, TPP
Massimo Guastini, direttore creativo copy Cookies Adv, TPP
Pasquale Diaferia, professore di Teorie e Tecniche della Comunicazione di Massa all'Università dell'Insubria, direttore della rivista Metabasis.it, direttore Creativo di Young & Rubicam Grey, autore di famose pubblicità, TPP
Mario Picchio, amministratore delegato di Roland DG Mid Europe

Awards Inside btb

Soddisfatti insieme a voi.

Un premio non è solo prestigio. È un attestato di qualità per il cliente, la certezza di essersi affidati a professionisti in grado di comprendere le proprie esigenze e saperle comunicare.
Partecipare a competizioni come Premio Mediastars, Premio Agorà, Premio Millecanali e Premio Tp, significa accettare una sfida in team con l'agenzia e sottoporre le proprie idee ad una giuria di esperti qualificati.
Perché la vostra soddisfazione è anche la nostra.

MEDIASTARS®
Il Premio Tecnico della Pubblicità Italiana

Premio Special Star per il Copy
materiale di affissione per la campagna "Vivi a colori – Conto Young", realizzata per CARIFE Cassa di Risparmio di Ferrara.
Premio Mediastars 2010

In occasione della nascita di alcuni nuovi conti corrente, pensati soprattutto per ragazzi e giovani famiglie, Cassa di Risparmio di Ferrara ha commissionato a Inside btb la campagna comunicativa, caratterizzata da vari strumenti:

- materiale di affissione
- brochure
- video

Il filo conduttore che univa i vari soggetti era costituito da immagini fresche e soprattutto ricche di colori.

MEDIASTARS®
Il Premio Tecnico della Pubblicità Italiana

Premio Special Star per il Copy

pagina di avdertising "Penguins – fall/winter"
realizzata per SKA Italia, azienda di cerniere lampo di Padova.

Premio Mediastars 2010

MEDIASTARS®
Il Premio Tecnico della Pubblicità Italiana

Premio Special Star per l'Illustrazione

pagina di advertising "It's A Child's Play – soggetto truck"
realizzata per Frig Air, società ferrarese distributrice di radiatori, riscaldatori e ricambi per impianti di climatizzazione per autovetture a livello nazionale.

Premio Mediastars 2010

Inside btb ha ideato e realizzato per l'azienda di cerniere lampo SKA Italia una pagina di advertising destinata alle principali riviste di fashion, finalizzata a comunicare il brand SKA agli uffici stile delle maggiori maison di moda. Il soggetto è un pinguino con una cerniera sulla pancia, il payoff recita "Even where you don't expect them": anche dove non te le aspetti.

L'agenzia ha realizzato per l'azienda Frig Air una serie di strumenti di comunicazione ispirati al classico giocattolo Lego, tra cui una pagina di advertising destinata alle principali riviste di settore italiane ma soprattutto straniere. La campagna multisoggetto prevedeva l'immagine di una macchina o di un camion costruiti con i mattoncini Lego, seguita dalla scritta "It's a child's play", è un gioco da ragazzi.

MEDIASTARS®
Il Premio Tecnico della Pubblicità Italiana

Premio Special Star
per il Digital Imaging

pagina di advertising "Artisti di Natura - soggetto fragola" realizzata per la ditta Salvi Vivai, il ramo di attività dedicato alla produzione di piante da vivaio del Gruppo Salvi di Ferrara.

Premio Mediastars 2010

MEDIASTARS®
Il Premio Tecnico della Pubblicità Italiana

Premio Special Star per lo Structural Design
e per il Graphic Design

spazio espositivo realizzato per Salvi Vivai in occasione della fiera Interpoma.

Premio Mediastars 2010

La ditta ferrarese Salvi Vivai ha commissionato ad Inside btb una serie di pagine di advertising, destinate a riviste tecniche di settore nazionali e internazionali, ispirate alla metafora della frutta intesa come opera d'arte. Si trattava di una campagna multisoggetto, dedicata ai vari prodotti Salvi Vivai.

La solida collaborazione tra Inside btb e la ditta ferrarese Salvi Vivai non si esaurisce con i classici strumenti di comunicazione. L'azienda infatti, presente non solo in Italia ma anche all'estero, ha commissionato all'agenzia lo studio creativo e la progettazione grafica dello stand fieristico, realizzato in occasione della partecipazione all'evento Interpoma.

Migliore campagna regione Emilia Romagna
"Vivi a colori" per Cassa di Risparmio di Ferrara.
Premio Agorà 2010

Miglior progetto di comunicazione integrata regione Emilia Romagna
"Vivi a colori" per Cassa di Risparmio di Ferrara.
Premio TP 2010

pubblicitari professionisti

Migliore campagna sociale regione Emilia Romagna
"Stop alle truffe!" per la Prefettura di Ferrara.
Premio Agorà 2010

Inside btb ha ideato la campagna di comunicazione integrata di Carife 2009 “Vivi a colori”, realizzando:

- un filmato pubblicitario
- uno spot radio
- depliants
- brochures
- pubblicità dinamica
- outdoors

Inside btb ha realizzato per la Prefettura di Ferrara una campagna di comunicazione integrata dal titolo”Stop alle Truffe!”, contro le truffe agli anziani. Inside btb ha studiato, per questa campagna:

- logo del progetto
- pieghevoli informativi
- locandine
- azioni di sensibilizzazione presso Centri Commerciali e Centri Anziani, con uno stand caratterizzato
- affissioni di mt. 6x3
- conferenza stampa di presentazione del progetto
- video a cartone animato

Miglior film regione Emilia Romagna
"Stop alle truffe!"
per la Prefettura di Ferrara.
Premio TP 2010

Miglior animazione
video a cartone animato realizzato nell'ambito della campagna di comunicazione integrata "Stop alle truffe!" per la Prefettura di Ferrara.
Premio Mediastars 2009
Sezione "Televisione e cinema"

Migliore spot TV
"Soluzioni che calzano" - "Un esame difficile" per Cassa di Risparmio di Ferrara.
Premio Agorà 2009

Premio speciale Millecanali
"Soluzioni che calzano"
per Cassa di Risparmio di Ferrara.
Ad Spot Award 2009

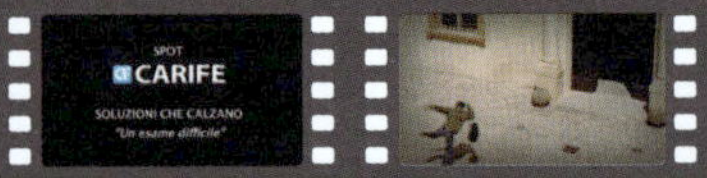

Inside btb ha ideato e realizzato il video a cartone animato per la Prefettura di Ferrara nell'ambito della campagna di comunicazione integrata "Stop alle Truffe!", contro le truffe agli anziani.
Il video rappresenta ipotetiche situazioni a rischio evidenziando i comportamenti atti a prevenire, contrastare e denunciare l'accaduto.

Inside btb ha ideato e realizzato uno spot tv per Carife dal titolo "Un esame difficile" della durata di 60".
La campagna pubblicitaria è uno sviluppo di quella realizzata l'anno precedente dal titolo "Soluzioni che calzano" per evidenziare l'adattabilità dei conti correnti Carife.
Lo spot, curato dal famoso regista Luca Miniero, è stato interamente girato all'interno delle aule dell'Università di Ferrara con la collaborazione degli studenti stessi.

TP
pubblicitari professionisti

La più efficace iniziativa di comunicazione pubblica locale
campagna di comunicazione integrata in materia di sicurezza stradale e viabilità per la Provincia di Ferrara.
Premio Nazionale Montecelio – TP 2009

MEDIASTARS®
Il Premio Tecnico della Pubblicità Italiana

Miglior copy
campagna di comunicazione integrata in materia di sicurezza stradale e viabilità per la Provincia di Ferrara.
Premio Mediastars 2009

PREMIO AGORÀ

Migliore immagine coordinata
per la Società Agricola Cà Salarola.
Premio Agorà 2009

Inside btb ha realizzato, per la Provincia di Ferrara, una campagna di sensibilizzazione alla guida allo scopo di ridurre gli incidenti stradali, molto diffusi nel nostro territorio. Il progetto ha visto la realizzazione di:

- logo
- conferenza stampa
- micro-eventi presso le sedi degli enti pubblici
- pagine informative per i dipendenti degli enti pubblici
- trasmissione televisiva dal titolo "On the road"
- cartina informativa su tutti i lavori stradali di manutenzione in atto, distribuita alle famiglie di Ferrara e provincia
- pagine pubblicitarie destinate ai quotidiani locali
- master universitario di I livello in sicurezza stradale e viabilità

Inside btb si è occupata di un progetto di identità visuale per la Società Agricola "Cà Salarola", ideandone:

- logo
- immagine coordinata (biglietti da visita, carta intestata, buste ecc.)
- etichette, controetichette e il packaging per i vini
- etichetta, bugiardino e packaging per l'olio
- confezioni regalo
- sito web
- video aziendale
- CD rom

Miglior progetto di comunicazione integrata
celebrazione del Centenario della Spal 1907.
Premio TP - LOTTO 2009
"Comunicare lo sport" in memoria di Alberto Landi

pubblicitari professionisti

MEDIASTARS®
Il Premio Tecnico della Pubblicità Italiana

Miglior regia
spot televisivo per BM Gruppo Immobiliare.
Premio Mediastars 2009
Sezione "Televisione e cinema"

Inside btb ha ideato, organizzato e promosso il Centenario della Spal, attraverso:

- trasmissione televisiva "Uniti per la Spal. Aspettando il Centenario"
- realizzazione e allestimento del "Vip Club" presso lo stadio Paolo Mazza
- mostra "Cento anni di Spal" costruita dai tifosi ferraresi e dai loro "oggetti ricordo", inaugurata da Fabio Capello
- Grande Evento Celebrativo presso lo stadio Paolo Mazza
- concorsi "Vota il logo del centenario" e "La Spal premia i bambini"
- sondaggio "Vota la Top 11"
- cena sociale con il Club, la dirigenza e gli sponsor
- pubbliredazionali su periodici locali
- cataloghi, leaflets e brochures
- progettazione di merchandising caratterizzato
- realizzazione del video "100 anni di Spal"

Inside btb ha ideato e realizzato lo spot TV per BM Gruppo Immobiliare, dal titolo "Il dettaglio", un filmato di 30" ironico ed emozionale dalla fotografia particolarmente curata ed elegante. Particolare attenzione è stata dedicata alla scelta della location ed al casting.

Inside btb ha, inoltre, curato tutta la comunicazione di BM Gruppo Immobiliare: dal restyling del logo all'immagine coordinata (biglietto da visita, carta intestata, buste, cartellina portadocumenti), dal Company Profile di presentazione alla "Carta dei servizi".

MEDIASTARS®
Il Premio Tecnico della Pubblicità Italiana

Migliore structural design
azione di direct marketing
per Segel s.r.l.
Premio Mediastars 2009
Sezione “Corporate Identity”

MEDIASTARS®
Il Premio Tecnico della Pubblicità Italiana

Migliore direzione creativa
campagna di comunicazione integrata
per il lancio del locale “Krisstal”,
ristorante e lounge bar
polifunzionale di Bologna.
Premio Mediastars 2009
Sezione “Corporate Identity”

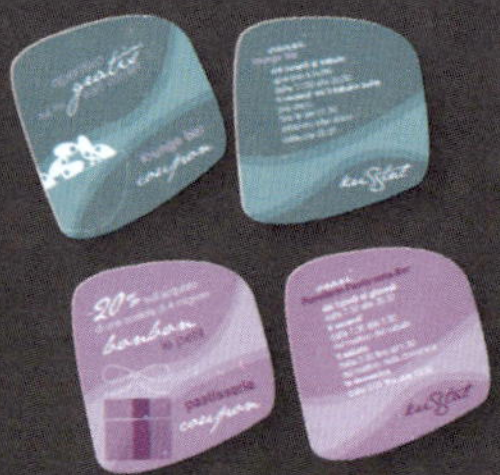

Inside btb ha realizzato una simpatica ed originale azione di direct marketing dal nome "Chinese Food Take Away Box", al fine di promuovere il nuovo sorbetto al mandarino della ditta Segel srl. Il progetto ha previsto l'invio al target di riferimento di una scatola contenente un box per cibo cinese take-away, con all'interno una candela profumata al mandarino ed una mini brochure. Abbiamo giocato sul claim "Sorbetto al mandarino Segel. L'unico mandarino dal sapore italiano!" in modo ironico e simpatico, con il duplice significato di "mandarino", inteso sia come "frutto" che come "funzionario dell'impero cinese".

Inside btb ha ideato un piano strategico di comunicazione integrata per la promozione del ristorante e lounge bar polifunzionale "Krisstal" di Bologna.
In particolare Inside btb si è occupata di:

- studio del naming e del payoff
- progettazione creativa del marchio
- immagine coordinata
- merchandising caratterizzato
- personalizzazione POP (insegne, vetrofanie ecc)
- Company Profile, Brochure di presentazione e Leaflet
- azione di Direct Marketing finalizzata ad agevolare e velocizzare la presa di nuovi contatti
- filmato aziendale
- spot TV, cinema e radio
- pagine pubblicitarie
- campagna pubblicitaria statica: manifesti in vari formati
- pubblicità dinamica: posterbus, pensiline
- sito internet provvisto di blog e sistema di invio newsletter
- eventi
- ufficio Stampa

MEDIASTARS®
Il Premio Tecnico della Pubblicità Italiana

Migliore art direction,
migliore direzione della fotografia,
migliore colonna sonora
video aziendale, spot televisivo e spot cinematografico per "Krisstal", ristorante e lounge bar polifunzionale di Bologna.
Premio Mediastars 2009
Sezione "Televisione e cinema"

Migliore direzione creativa
e migliore digital imaging
progetto grafico del cd "Ammore" della jazz band "Blue Napoli", commissionato dalla casa discografica Blue Tower di Ferrara.
Premio Mediastars 2009 - Sezione "Packaging Design"

TP
pubblicitari professionisti

Miglior packaging
regione Emilia Romagna
CD "Ammore" della jazz band "Blue Napoli", commissionato dalla casa discografica Blue Tower di Ferrara.
Premio TP 2010

Il video di presentazione aziendale realizzato per "Krisstal" ha l'obiettivo di enfatizzare i plus della location e dei servizi offerti. Infatti, lo scopo delle immagini e delle riprese è quello di offrire una vera e propria messa in scena delle caratteristiche che attribuiscono valore aggiunto al singolo prodotto.

Il video è stato pensato per essere proiettato su sei schermi al plasma posizionati all'interno del locale, in loop automatico.

Inoltre, per Krisstal è stato realizzato uno spot pubblicitario di 30" ottimizzato per lancio su emittenti televisive locali e uno di 12" destinato a cinema locali.

Inside btb ha realizzato il packaging design per il cd "Ammore" della jazz band "Blue Napoli", commissionato dalla casa discografica Blue Tower di Ferrara. Per la cover sono state utilizzate le illustrazioni dell'artista Francesco Musante.

Migliore stand
per Dinamica Generale, Fiera **"World Dairy Expo" 2008**
Madison, Wisconsin (USA)

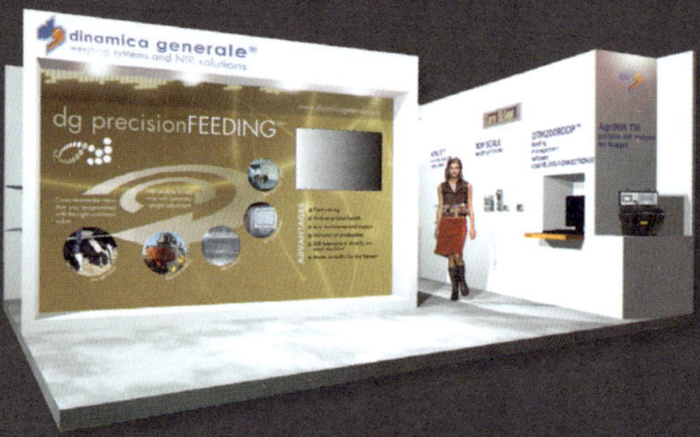

pubblicitari professionisti

Migliore comunicazione turistica
"Kit della Buona Notte" dell'Albergo
Annunziata e Prisciani Art Suite.
Premio Nazionale TP "Comunicare il Turismo" 2008

Alla fiera World Dairy Expo di Madison, Wisconsin USA, appuntamento internazionale per le industrie casearie, lo stand dell'azienda Dinamica Generale (Mn) progettato da Inside btb è stato premiato come il migliore tra quelli di piccole dimensioni. Lo stand ha suscitato l'entusiasmo della giuria: la grafica pulita ed elegante, seppur di un colore vivace come l'azzurro, ha colto nel segno, rimandando l'immagine di una realtà dinamica e a tecnologia avanzata.

Inside btb ha realizzato per l'Albergo Annunziata e Prisciani Art Suite un'iniziativa dalle caratteristiche di customer care e di incentivazione al turismo ferrarese.
L'operazione prevede che gli ospiti ricevano nelle loro camere:

- un assaggio di pampepato, accompagnato da un pieghevole che illustra la storia, le tradizioni e la lavorazione del tipico dolce ferrarese
- un libretto di racconti sul cioccolato
- una particolarissima mini guida della città (progetto editoriale a cura di Inside btb)

Migliore immagine coordinata
progettazione della nuova segnaletica turistica della Provincia di Belluno.

Premio Agorà 2008

Lo stesso lavoro ha ricevuto dalla Provincia di Belluno la Menzione Speciale per l'impegno creativo e la grafica.

Migliore campagna pubblicitaria
"Liberi Davvero" indirizzata a divulgare ai liberi professionisti le novità del decreto Bersani in materia di comunicazione.

Premio Nazionale TP 2007

Inside btb ha partecipato al concorso di idee per la progettazione della nuova segnaletica turistica da impiegare all'interno del territorio della provincia di Belluno. La soluzione grafica è conforme all'attuale immagine dell'Amministrazione provinciale, con particolare riguardo al nuovo marchio e slogan.
L'agenzia ferrarese ha ideato allo scopo:

- la segnaletica turistica di benvenuto e arrivederci
- la segnaletica indicativa di percorsi e sentieri
- la segnaletica di descrizione dei singoli luoghi

Inside btb ha ideato e realizzato la campagna pubblicitaria "Liberi davvero", indirizzata a divulgare ai liberi professionisti le novità del decreto Bersani in materia di comunicazione.
Per la realizzazione di tale campagna, il 25 maggio 2007, a Salsomaggiore Terme, Luca Targa, CEO di Inside btb, ha ottenuto un prestigioso riconoscimento: il Premio Nazionale indetto da TP - Associazione Italiana Pubblicitari Professionisti.
La campagna è stata declinata su poster 6x3 mt, shopper bag e depliant da distribuire agli studi dei liberi professionisti.

PREMIO AGORÀ

Migliore immagine coordinata
per l'agenzia di servizi, viaggi incentive e teambuilding 91° Nord.
Premio Agorà 2007

91° nord
Viaggi Incentive

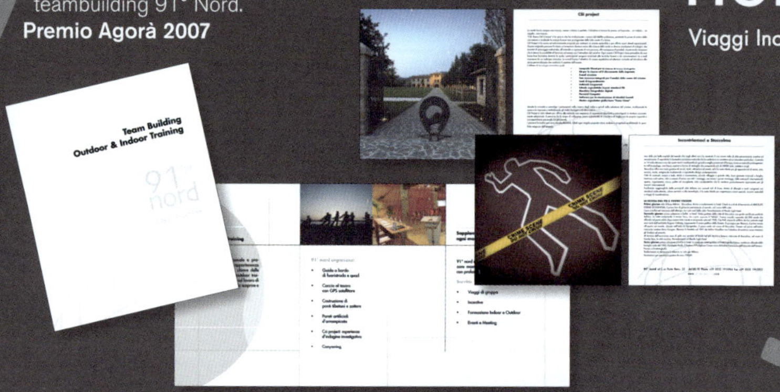

Migliore brochure
"Investinferrara" progetto di marketing territoriale per Sipro, Ferrara.
- **Premio Expo Italia Real Estate 2005**
- **Premio Europeo La Baule '06** al World Investment Conference
- **Premio "Sfide" 2007** organizzato dal Dipartimento per lo sviluppo delle economie territoriali e il Forum PA

Inside btb ha realizzato il progetto di immagine coordinata per la promozione dell'attività di 91° Nord, Agenzia di servizi, viaggi incentive e team building. Per questo cliente, è stato ideato un logo elegante e suggestivo e strumenti di comunicazione coordinati, che rispecchiano e valorizzano la filosofia del committente, quali:

- biglietti da visita
- carta intestata
- buste
- brochure di presentazione aziendale
- sito internet
- CD rom

Inside btb ha curato per Sipro, Agenzia per lo Sviluppo di Ferrara, il progetto grafico per l'intera azione di marketing territoriale "Promuovere, valorizzare e riqualificare la città e il territorio". Sono stati realizzati:

- logo
- immagine coordinata (buste, carta intestata, block notes, shopper bag, schede di presentazione)
- brochure in due formati e in due lingue
- cartellina di presentazione
- stand
- gadgets
- materiale promozionale vario

TP
pubblicitari professionisti

Menzione speciale per l'evento
"Communication Day"
Premio Nazionale TP 2006

Communicationday
6a edizione

Migliore progetto di marketing associativo d'Italia
per il Gruppo Giovani Imprenditori della Provincia di Ferrara.
Meeting Nazionale di Confindustria 2004

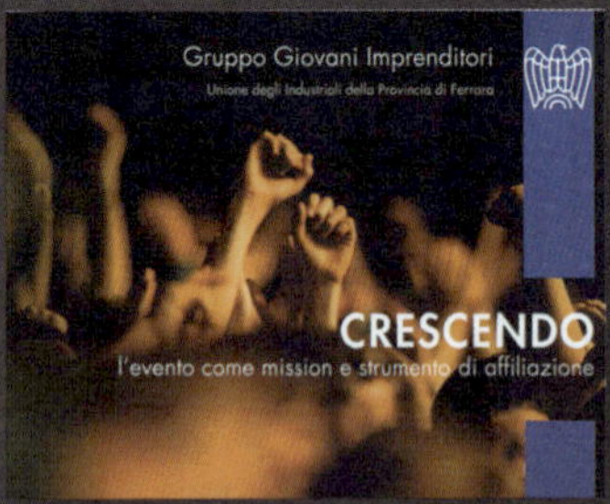

Inside btb organizza ogni anno il "Communication Day", l'evento dedicato alla comunicazione d'impresa e alla pubblicità, in collaborazione con Unindustria Ferrara e Gruppo Giovani Imprenditori di Unindustria Ferrara, le più importanti Associazioni di categoria UNICOM - Unione Nazionale Imprese di Comunicazione - e TP, le Istituzioni locali e con il contributo di numerosi sponsor locali.
La self-promotion dell'evento è stata realizzata attraverso:

- leaflets
- comunicati stampa
- spot radiofonici
- spot TV
- affissioni 6x3
- sito web
- banner

Inside btb ha ideato e realizzato quello che è stato definito "il miglior progetto grafico" per la brochure dei Giovani Industriali Ferraresi, il cui piano di marketing associativo è stato giudicato il migliore d'Italia durante il meeting nazionale di Confindustria.

Menzione speciale per il migliore progetto grafico

CD "L'indispensabile" di Vinicio Capossela.
Italian Music Awards 2003.
Lo stesso lavoro è stato pubblicato in prima pagina del volume "Package. Design in Italy: Phase One.

Impresa eccellente 2009

Nel 2009 Inside btb ha ottenuto il riconoscimento di "impresa eccellente" in ambito regionale. Le aziende meritevoli, selezionate dal Cna Emilia Romagna, sono in tutto 48 e sono state premiate per aver dimostrato qualità di innovazione e buone prassi.

Inside btb ha realizzato un originale packaging per il CD "L'indispensabile" di Vinicio Capossela: una volta aperto, il digipack diventa un porta-ritratto con la foto dell'artista, eventualmente sostituibile, su suggerimento dello stesso Vinicio, con una personale o con uno specchio che lo renda un utile strumento da borsetta. Lo stesso lavoro è stato anche pubblicato in prima pagina del volume "Package. Design in Italy: Phase one"

CAPITOLO 4
RIFLESSIONI DI UN "MESTIERANTE CURIOSO"

Una magia chiamata Idea Creativa

Oggi mi chiedo se è stata la fortuna o la caparbietà, la sorte o la determinazione, una serie di coincidenze o la volontà, a spingermi a percorrere una strada non certo priva di ostacoli ma sicuramente "alleggerita" da una necessaria propensione al sogno, alla fantasia, alla *creatività*.

Essere creativi costituisce una prerogativa indispensabile per un professionista della comunicazione. È indubbiamente un mestiere affascinante: richiede la maturità di un uomo che sa tenere i piedi per terra e che non dimentica tuttavia come si spicca il volo per proiettarsi in nuove esperienze "fantastiche". **La difficoltà sta nel far confluire in un'unica idea due mondi all'apparenza tanto distanti: la realtà con il sogno, per riuscire ad inviare un messaggio chiaro accompagnato da un'emozione**.

Ma che cos'è in fondo la creatività?

In tanti anni di esperienza nel mondo della comunicazione, inizialmente nelle vesti di venditore, poi come direttore marketing di importanti realtà aziendali della grande distribuzione, successivamente come imprenditore titolare di un'agenzia di comunicazione, ho appreso che una vera idea creativa, originale, richiede un lungo e meticoloso processo di riflessione, studio, ricerca ed elaborazione. Spesso si tratta di riuscire nell'arduo compito di combinare "vecchie" idee facendole confluire in una soltanto totalmente nuova. Per riuscire ad arrivare a questo risultato occorre riconoscere che la mente va addestrata.

L'idea e la creatività non sono la stessa cosa.
L'idea può essere alla portata di tutti e spesso nasce sulla scia di un desiderio. Akio Morita, ad esempio, inventore mondiale della Sony, amava il golf e la musica classica ma per dedicarsi all'uno doveva rinunciare all'altro. Nacque in lui il desiderio di poter vivere entrambe le sue passioni contemporaneamente. Da questo desiderio scaturì l'idea di realizzare un oggetto che consentisse di ascoltare musica anche all'aperto, e quell'oggetto si chiamò walkman.
La creatività è invece una dote che ci si porta dietro dalla culla. Chi nasce con una propensione alla creatività non può però pretendere di mantenerla a prescindere dall'apprendimento, dalla cultura, da un esercizio assiduo della mente, costantemente nutrita e stimolata dalla lettura, dall'informazione, capace di assorbire ogni elemento di novità, che a sua volta si trasforma in fonte inesauribile di input mentali.
Non esiste una tecnica specifica che porta a generare l'idea creativa. Deve scaturire dopo un autonomo percorso fatto di valutazioni, riflessioni, spunti strampalati buttati di getto su un foglio.

Il creativo generalmente è capace di sprigionare liberamente tutti i pensieri e i concetti che emergono dalla riflessione, per quanto parziali o assurdi essi possano sembrare. Occorre anche avere successivamente il coraggio di abbandonarli temporaneamente, senza ostinarsi a cercare immediatamente la risposta definitiva ma dedicandosi ad altre faccende, lasciandoli in tal modo "lievitare" e perfezionarsi attraverso un misterioso processo dell'inconscio. Dopo che questo processo si sarà esaurito, solo allora l'idea apparirà improvvisa, come una magia e richiederà soltanto di essere affinata, "sgrezzata" ripulita da inutili orpelli, verificata dalle ricerche del mercato della concorrenza, ed essere incoronata "regina delle idee creative".
Secondo Vittorio Alfieri "*Chi molto legge prima di comporre, ruba senza avvedersene e perde originalità, se ne avea*". Nel momento in cui il processo creativo deve manifestarsi, è opportuno non spingere la curiosità o il senso di insicurezza ad indagare, ricercare suggerimenti, spunti esterni... Questi potrebbero generare dei condizionamenti mentali che mettono a rischio lo sviluppo di una idea davvero originale.
Una ricetta della creatività in fondo non esiste e d'altronde sarebbe un controsenso imbrigliare in uno schema di regole un concetto che per sua natura è libero. Il vero creativo lo è e basta. D'improvviso una vaga intuizione gli appare alla mente. Riesce a catturarla anche inconsciamente, la archivia magari in un angolo nascosto della coscienza finché lentamente, senza rendersene conto, vivendo le sue giornate, le sue esperienze, acquisendo nozioni, interagendo con la gente, arriva il momento in cui l'intuizione sbuca da quell'angolo remoto. Il creativo sorride, la accoglie, la coccola, la arricchisce, aggiunge e taglia, dà forma all'idea finale, così come Michelangelo "liberava" le figure imprigionate

nella pietra, nel suo modo di intendere la scultura. **Il creativo sa bene cosa vuole ottenere, così come Michelangelo sapeva vedere la forma nascosta dentro un informe blocco di marmo**. In teoria chiunque può essere creativo ma non tutti possono esserlo di professione. Occorre molto impegno, capacità di cogliere i numerosissimi segnali che arrivano alla mente, qualcosa di fuggevole e per questo estremamente difficile da afferrare ma che, una volta colto sa aprire nuovi scenari, nuove visioni, arricchendo la stessa individuale esistenza. Per essere creativi di professione bisogna saper essere molto razionali. Proprio perché questa affermazione sembra un controsenso, si dimostra di difficilissima attuazione: saper "imbrigliare" la fantasia, indirizzarla con metodo verso il traguardo suggerito da un rigore quasi "scientifico".
La creatività ha un valore, è un bene raro e prezioso, che va colto e protetto, così come si fa con le idee, che possono essere brevettate.

Innovazione figlia della creatività. Comunicazione strumento per valorizzarle

Credo davvero molto nell'innovazione, ma sono convinto che se ne parli troppo. Così facendo il termine esaurisce la sua funzione, perde di significato, diventa inflazionato. Siamo certi, inoltre, che gli imprenditori ne conoscano la vera importanza? Assolutamente no. Al più si cerca di convincere i governi a supportare le imprese in questa direzione, sono loro che più di ogni altro industriale dovrebbero riconoscerne il valore. La storia è piena di esempi ammirevoli di imprenditori che hanno tradotto la loro

creatività in innovazione, arrogandosi totalmente il rischio che deriva da quest'impresa, supportando grossi investimenti in comunicazione per trasformare un'idea in un brand internazionale.
Idea, creatività, innovazione, comunicazione: termini connessi inscindibilmente alla parola BUSINESS.
L'entusiasmo che si traduce in innovazione non avrebbe senso per un imprenditore padre di quell'idea, se essa non venisse diffusa attraverso la comunicazione. Per creare un marchio riconoscibile a tutti i potenziali clienti bisogna prima costruirlo e poi comunicarlo. Riporto ora alcuni degli esempi più emblematici di grandi brand partiti da piccoli sogni, perché conoscerne la storia ci permette di conoscere gli uomini d'impresa che grazie alla loro caparbietà, hanno dato vita a marchi riconosciuti a livello mondiale. Queste storie sono ricche di fascino e possono servire d'ispirazione per coloro che, ancora, non sono convinti dell'importanza della comunicazione e dell'innovazione.

Benetton

Luciano Benetton nasce a Treviso nel 1935, primogenito di Leone che mantiene la famiglia noleggiando automobili e biciclette. A quattordici anni, morto suo padre, è costretto a lavorare come commesso in un negozio di tessuti. È lì che inizia a capire che, nelle povertà dell'economia di quegli anni, c'è bisogno di una **novità per accendere il mercato**.
Benetton racconta che per maturare la sua innovazione, fondamentale fu la sua partecipazione, come spettatore, alle Olimpiadi del 1960 a Roma dove venne a contatto col mondo, immerso tra gente di ogni razza e bandiere colorate di decine e decine di nazioni.
"Avevo venticinque anni - racconta - e mi prese una gran voglia

di fare parte di quei colori", di entrare a far parte del mondo. Quello che gli serviva era solo un'idea, un'idea nella quale credere ed investire, senza temere il rischio e sfidando il mercato. Quell'idea arrivò da un maglione confezionato per lui della sorella Giuliana, un maglione come tutti gli altri, ma che dagli altri si distingueva per il suo colore: giallo. I ragazzi di quell'epoca non portavano capi colorati e Luciano suscitava curiosità, era guardato da tutti, all'inizio forse venne preso per matto, ma poi tutti iniziarono a chiedergli dei maglioni simili. Benetton capì che **"attirare l'attenzione, imporre (e comunicare) un'immagine soprattutto se imprevista, fare eco, suscitare discussioni,** poteva essere una **strategia imprenditoriale vincente"**.
Partendo da un'illuminazione semplice, pratica, ma del tutto nuova, come produrre capi di maglia di lana color naturale tingendoli successivamente a seconda delle richieste, in una vastissima gamma di colori, l'imprenditore veneto ha dato vita ad una rivoluzione colorata targata Benetton. Non a caso la sua Mission è colorare il mondo ed il suo slogan "United Colors of Benetton". È proprio sull'innovazione, sulla comunicazione spiazzante che Benetton ha costruito un marchio conosciuto nel mondo, grazie anche alle "campagne scandalo" create in collaborazione col fotografo Oliviero Toscani.

Vespa

Nasce dalla Piaggio, azienda che prima della guerra costruiva arredamenti navali, materiale ferroviario e aeronautico e che, dopo il secondo conflitto mondiale, aveva la necessità di convertire gli impianti per produrre qualcosa di nuovo. In una sede di Biella nacque il progetto Vespa ad opera del progettista Corradino D'Ascanio. Un veicolo a due ruote, economico, di nuova concezione, facile da guidare, meno costoso di un'automobile e più comodo della classica moto, se non altro per il tipo di telaio che permetteva la guida senza necessariamente doversi sporcare gli abiti. Il prototipo venne chiamato "Paperino", ma dopo due anni di prove, cominciò la produzione ufficiale del nuovo scooter: la Vespa. Al momento della presentazione al pubblico, il prototipo di D'Ascanio appariva un progetto "improponibile" nel quale non credevano nemmeno gli addetti ai lavori, ma la Piaggio, nonostante tutto, decise di rischiare e produrre in serie circa 2000 esemplari della "Vespa 98". L'idea dello scooter non era un'idea nuova, ma il **valore innovativo** di questo prodotto risiedeva nel fatto che la perfezione e l'esclusività di questo veicolo lo distinguevano da ogni precedente realizzazione a due ruote. **Innovazione** non è quindi per forza creare qualcosa di nuovo partendo da zero, ma anche saper **trasformare un'idea** già esistente in qualcosa di creativo, unico, riconoscibile e quindi innovativo. Alla fine del 1947 la produzione iniziò a decollare e nei primi mesi del '48 la Piaggio presentò un nuovo modello, la mitica "Vespa 125", che si affermò subito sostituendo quella precedente.

Il "miracolo" Vespa cominciò a prendere sempre più piede con una crescita di fatturato impressionante, crescita dovuta all'abilità dei comunicatori dell'azienda che seppero trasformare un marchio in uno stile di vita. Andare in Vespa diventò sinonimo di libertà, di fruibilità degli spazi, di più facili rapporti sociali; un fenomeno di costume che caratterizzò un'epoca lasciando segni importanti anche nella letteratura, nel cinema e nella pubblicità. Numerosi i fans e i cultori di questo "mito a 2 ruote" che alimentano il loro senso di appartenenza con la partecipazione ad eventi e raduni a loro riservati: il Vespa Club Italia, fondato nel 1949 raccolse subito moltissimi adepti e promosse la partecipazione dei vespisti a un calendario di appuntamenti allestito appositamente per loro. Il Vespa Club Italia divenne, nel 1953, Vespa Club d'Europa e due anni dopo Vespa Club Mondiale. Fino ad oggi la Vespa è stata prodotta in circa 14 milioni di esemplari ed esportata in quasi tutte le parti del globo... Non male per un prodotto partito da un prototipo in cui credevano solo il suo creatore Corradino D'Ascanio, il dirigente della casa madre Enrico Piaggio e pochi altri, no?!?

Nutella

Era il 20 aprile 1964 quando presso lo stabilimento Ferrero di Alba vedeva la luce il primo vasetto di Nutella®. Ad oggi questa crema a base di nocciola è uno dei marchi più conosciuti al mondo. Questo prodotto, come molti altri, nasce da un'idea un po' folle ed ambiziosa: fornire un'alternativa valida alla colazione dei contadini che alla mattina erano soliti acquistare qualche pomodoro e una pagnotta. Con questo scopo, Pietro Ferrero, pasticcere di Alba, mise a punto la ricetta per un "dolce dei poveri", sostituendo il costosissimo cioccolato con le nocciole: il Giandujot, una pasta gianduia confezionata sottoforma di pani avvolti nella carta stagnola, che si tagliava a fette e che aveva un prezzo moderato con cui prese il via il grande successo della Ferrero.
Nel 1949 il Giandujot diventa crema da spalmare e a casa Ferrero si avverte una profonda trasformazione che la porterà ad essere nei decenni successivi un grande centro industriale ed internazionale. Si narra che, a causa del grande caldo, i pani di Giandujot cominciarono a sciogliersi, trasformandosi in crema ed i negozianti iniziarono a venderla come merenda da spalmare. Altri invece raccontano che il prodotto si sciolse in un magazzino di Alba costringendo a travasarlo in barattoli. Comunque sia, da

quel momento, la Ferrero modifica la formula del suo prodotto rendendola più morbida e spalmabile. Venduta in barattoli, nasce la Supercrema, l'erede diretta del Giandujot. Michele Ferrero, figlio di Pietro, decise di migliorare ulteriormente la Supercrema, cambiandole composizione, nome e veste grafica. Nacque così nel 1963 la mitica Nutella®, il suffisso "nut", si rifà al termine inglese di nocciola, e la desinenza "ella" evoca attributi positivi ed è facile da pronunciare ad ogni latitudine.
La comunicazione ha giocato per questo marchio un ruolo fondamentale, da quarant'anni la Nutella® della Ferrero viene associata alla fetta di pane e alla colazione, inconfondibile il suo logo e il suo vasetto che hanno contribuito a renderla la crema spalmabile più conosciuta al mondo. Ogni anno in Italia se ne consumano 60 milioni di barattoli e oggi che la celebrità del prodotto è indiscussa, la pubblicità punta direttamente sulla sua "necessità". Di fatto, il nuovo slogan è diventato "Che mondo sarebbe senza Nutella", tirando in gioco la trasversalità del prodotto (destinato a persone di ogni età e stato sociale).

Proteggere l'idea e proteggere il prodotto: i labili confini tra la legge e l'etica

Proteggere il prodotto

Che ne sarebbe stato di tutti i marchi sopra descritti se non ci fosse stata l'accortezza da parte dell'imprenditore di tutelarli? Come sarebbero finiti gli ingenti investimenti in comunicazione finalizzati a promuoverlo? E l'azienda che li ha prodotti si sarebbe storicizzata entrando nella vita quotidiana di milioni di

persone?
Eppure ogni anno in Italia nascono idee meravigliose che troppi imprenditori non lungimiranti non sono indotti a proteggere e a brevettare e molte vengono copiate ancora prima di essere proposte al mercato, facendo così sfumare ottime occasioni di crescita e di sviluppo per l'impresa che le ha ideate.

La comunicazione è un'attività particolarmente delicata: deve essere vera, non indurre in errore e in cattive interpretazioni, suscitare curiosità e incrementare le vendite. Ma se un'idea imprenditoriale alla base non è doverosamente difesa e brevettata, anche la comunicazione rischia di non dare i frutti proporzionati al valore del suo investimento. Mi è capitato spesso di fornire consulenza ad un'impresa invitandola a proteggere e brevettare la propria idea prima di investire in comunicazione. Non ne sarei stato obbligato potendo limitarmi ad assumere la commessa di lavoro senza troppo addentrarmi nel particolare. Anche questa è la differenza fra chi produce strumenti di comunicazione e chi, invece, offre servizi di consulenza in comunicazione seguiti dalla realizzazione degli strumenti più appropriati. Le piccole agenzie di comunicazione si trovano spesso a dover spiegare queste distinzioni, di fronte all'imperversare di tanti "grafici-tipografi", che fanno concorrenza giocando sui prezzi e dimenticando la qualità. Eppure a volte (per fortuna poche) mi è capitato che la consulenza, prerogativa dell'esperienza oltre che dell'etica professionale, venisse recepita come un favore e non come un valo re aggiunto, pertanto non legittimato ad essere remunerato né in termini morali né tanto meno economici.
Un giorno mi recai presso un'azienda ben avviata che necessitava di elaborare un piano di comunicazione integrato e la pianificazio-

ne di tutta la promozione relativa al lancio di un nuovo prodotto. L'incontro si svolse nel migliore dei modi, avevo compreso le necessità del cliente e focalizzato le attività da sviluppare. Mi preoccupai di assicurarmi che il prodotto nuovo da promuovere fosse brevettato, così da supportare in maniera ancora più marcata e senza rischi tutta la comunicazione che ne sarebbe scaturita. I vertici aziendali sembravano riconoscere il merito delle riflessioni su cui li avevo condotti. Infatti non mancarono di applicarle, per avvalersi tuttavia di fatto dei servizi di comunicazione offerti da una realtà decisamente meno strutturata e più marcatamente operativa a discapito della strategia e della qualità creativa, da cui dipendeva la diffusione dell'unicità e dell'originalità dell'idea, che con sollecitudine si erano curati di difendere brevettandola. Considerando che alla creatività della comunicazione non era stata data alcuna importanza né alcun valore economico, i "concorrenti" risultarono indubbiamente "meno costosi" ma proporzionalmente meno efficaci. Un prodotto unico nel suo genere era stato comunicato come se si trattasse di un prodotto come tanti, facendo quindi perdere di efficacia allo stesso investimento sostenuto per brevettarlo.

Proteggere l'idea

Al giorno d'oggi si ha a volte l'impressione che la creatività stia appassendo. I professionisti spesso perdono di vista la loro autonomia di pensiero, forse spinti e sopraffatti da un'agguerrita sfida imposta dal mercato, da una concorrenza così sfacciata e pesante, che ingombra la mente di tensioni e ansie da "prestazioni creative". Allora si chiede al pubblico, alla gente. Si cerca di as-

sorbire da loro idee e stimoli. Questo fenomeno si sta diffondendo a macchia d'olio: il telegiornale invita la gente ad inviare filmati, interviste, servizi su disservizi e fatti di cronaca, alcuni siti internet demandano alla gente la facoltà di suggerire idee per la realizzazione di filmati video pubblicitari. Questo tipo di approccio, oltre a sminuire la serietà e la competenza di certe professioni, contemporaneamente estorce con troppa facilità idee così ingenuamente esposte, senza protezione e difesa. Generalmente si giustifica questa tendenza con la grande possibilità offerta ai creativi di comprendere con più precisione, le nuove tendenze del mercato e dei target di interesse. Questa ipotesi può essere accettata ma resta il fatto che è capitato, che grandi campagne ideate apparentemente da grandi creativi, fossero invece il frutto della fantasia di gente comune, che dalla sua creatività non ha in fondo tratto personalmente alcun concreto vantaggio.
Un esempio emblematico fra troppi: un bambino esce in cortile, osserva il padre che sale su una elegante autovettura, ben rifinita, confortevole, elegante, sicura. Il bambino sogna di diventare presto grande per poter finalmente guidare un'auto così come ora fa il padre. Per accelerare le cose, prende il suo piccolo modellino della stessa automobile, lo semina nel terreno e lo innaffia per accelerarne la crescita.
In un seminario sulla comunicazione svoltosi a Roma in occasione di una fiera di settore, l'agenzia la "Buccia" dimostrò inequivocabilmente che quella mirabile idea creativa era in realtà frutto della mente di un gruppo di persone non professioniste del settore, che avevano partecipato ad un concorso su internet e che altra soddisfazione non hanno avuto se non quella di vedersi copiare un'idea, dagli stessi professionisti, considerata vincente.

Uniti da un affetto profondo: la marca

Anche il prodotto ha un'anima: si chiama *marca*, un concetto intrinseco di inestimabile valore, perché è dalla sua percezione che la gente è più disposta a dare, a spendere per poter usufruire di quel bene.
Se per qualche misterioso motivo tutti gli stabilimenti di Coca Cola scomparissero dalla faccia della terra, la marca ugualmente sopravviverebbe. La marca abita nella mente delle persone ed acquista tanto più valore quanta più gente percepisce quel valore come positivo e amico.
La marca quindi nasce da un processo mentale di estrema raffinatezza, che stabilisce a priori quali valori ed ideali trasmettere alla gente in relazione ad un bene. Le sensazioni trasmesse dalla marca ne costituiscono l'essenza, l'anima, di cui il pubblico si appropria per sempre, indipendentemente dal bene stesso. La marca è l'idea che ci si fa di un prodotto e un'idea resta una semplice astrazione finché non viene esplicitata in qualcosa di concreto.
I Baci Perugina sono diventati marca esprimendo l'ideale di amore ed innamoramento, così il concetto di velocità è riconducibile alla Ferrari, l'idea di famiglia e tradizioni alla Barilla, l'emblema dell'eleganza a Valentino e si potrebbe continuare con infiniti altri esempi.
Il marchio è l'idea, il prodotto la sua incarnazione ed ogni elemento estetico che interviene a concretizzare il prodotto è direttamente riconducibile a quell'idea.
Amore e Baci Perugina ad esempio: il cioccolatino ha una forma morbida, rotonda, calda e un sapore dolce e amaro, come i risvolti dell'Amore.
Seguendo lo stesso ragionamento si può "giocare" sulle cromie.

Il rosso ad esempio è il colore della passione, di qualcosa di vivo, vitale, caldo. Non è un caso se la Ferrari generalmente è rossa e se comunemente ormai, per indicare una scelta cromatica specifica, non ci limitiamo più a dire "rosso vivo" ma è ben più chiaro specificare "rosso Ferrari" o "rosso Valentino".

Un'efficace comunicazione d'impresa non può quindi prescindere dalla marca e dalle "percezioni emotive" che evoca e per comunicazione d'impresa non intendo soltanto la pubblicità ma ogni azione finalizzata a far conoscere ed amare il prodotto, compresa l'organizzazione e la preparazione interna della forza vendita, che non può agire efficacemente se non condividendo i valori della marca. Solo in questo modo riesce a trasmetterli al pubblico che, aderendo inconsciamente a quei valori espressi attraverso la comunicazione e compiendo un primo passo verso "l'acquisto", ha intimamente bisogno di sentirli confermati. Pena: la delusione del possibile acquirente e il suo "disamoramento", avendo preso coscienza che quell'idea in cui si specchiava altro non era che "idealizzazione".

Considero ormai obsoleto il concetto di pubblicità intesa come "l'anima del commercio". E questa presa di coscienza, dettata anche dall'evoluzione dei tempi e del mercato, mi ha condotto nel tempo a trasformare la mia agenzia di pubblicità in agenzia creativa di comunicazione, termine apparentemente più generico ma più completo.
La pubblicità serve a predisporre all'acquisto e non a vendere. La comunicazione creativa in generale si pone l'obiettivo di aumentare le vendite, si focalizza sul business, termine verso cui mi sento maggiormente predisposto, sia per il mio background

culturale, familiare e professionale, sia per la mia soggettiva predisposizione caratteriale.
Una mia cara zia, ha recentemente scovato fra i vecchi ricordi un foglietto scritto di mio pugno all'età di circa 10 anni:
"BANDA DUBLONE.
COMPONENTI: Luca, Massimo, Antonio, Marco.
MOTO (intendendo motto): Tutti per uno, uno per tutti (a proposito di originalità...!).
PAROLA D'ORDINE: **dollaro**".
Sono rimasto impressionato. Già a quei tempi avevo il pallino del business e mi sono reso conto che si tratta di una predisposizione naturale.
Può sembrare un'affermazione presuntuosa ma credo che sia proprio questo il mio elemento differenziante nei rapporti con le imprese clienti: sono essenzialmente un imprenditore e ragiono da imprenditore. Posso parlare di comunicazione e creatività ma lo faccio da imprenditore. Sono naturalmente predisposto a cercare soluzioni creative, nella loro essenza strategicamente indirizzate a migliorare le performance delle vendite, perché è ciò che essenzialmente faccio per "governare" la mia impresa di comunicazione.

L'ideale tradito: no etica? No marca

Se si pensa al processo intellettuale che partecipa alla creazione di una marca di successo e quindi alle attività seguenti di comunicazione strategica sviluppate con un'unica finalità, quella di aumentare le vendite, offrire cioè alla gente un beneficio ma soltanto in cambio di denaro, è facile capire il motivo per cui

la pubblicità e quindi la marca è stata assurta a simbolo della cultura consumistica occidentale, con tutte le valenze negative collegate a questo concetto.
Il mercato è davvero tanto spietato e la gente è davvero vittima inconsapevole della pubblicità, della marca e della comunicazione strategica di prodotto? Strategia per accalappiare, ingannare, vendere e solo vendere?
Ho forse scelto di svolgere una professione tanto losca e bieca nelle intenzioni?
Personalmente ritengo che il mercato, così come inteso nella cultura occidentale, abbia caratteristiche intrinseche per garantire la libertà degli individui ma allo stesso tempo anche per toglierla. Il mercato in un sistema democratico è per sua natura imperfetto, così come non esiste ancora al mondo una forma perfetta di democrazia (lo ammise lo stesso Kennedy davanti al muro di Berlino). È un mercato a volte addirittura spietato, dove spesso vige la regola del più forte e dove il termine "forza" ha spesso il significato di potere economico.
In un contesto libero ma imperfetto e altamente competitivo, anche la comunicazione d'impresa rischia di lasciarsi logorare dai meccanismi imposti dal business della società dei consumi e quindi di esprimersi attraverso messaggi improbabili e promesse che poi non vengono mantenute. A volte capita che l'ideale che si comunica attraverso la marca venga miseramente tradito. L'atto di acquisto del consumatore si trasforma in un tradimento. Le promesse fatte dalla comunicazione non vengono mantenute, contemporaneamente si dà il fianco a chi "demonizza" i principi su cui si fonda il libero mercato ma soprattutto fallisce l'obiettivo principale della comunicazione: aumentare il numero di estimatori di un prodotto/servizio e quindi di acquirenti dello stesso.

L'illusione avvicina ma la delusione allontana.

Questo tradimento è stato spesso perpetrato in passato a danno di molti consumatori ingenui, in una società avida di desideri da realizzare dopo secoli di "rinunce". Accade però meno frequentemente ai giorni nostri.
Il pubblico a cui è destinata la comunicazione d'impresa è sempre più preparato, accorto e acquista laddove la promessa e l'iniziale abbaglio scaturito dalla comunicazione gli vengono confermati sia al momento dell'acquisto che successivamente all'utilizzo di quel bene o servizio. Questo consumatore non è più pressato dalla "fame" di prodotti e servizi. Basta che si avvicini ad uno scaffale o chieda a mille aziende di servizi per trovare la soluzione che cerca. Il cliente di oggi sa scegliere e può farlo, non è più condizionato dal bisogno di possesso ma dal bi/sogno, un bisogno di "sognare", di percepire un'intima emozione collegata alla scelta di quella marca. Conosce o intuisce i meccanismi seduttivi della comunicazione creativa ma non per questo li teme o li rifiuta. È stato dimostrato che il pubblico odierno di consumatori cerca la pubblicità, la giudica e se ne lascia volontariamente affascinare ma si aspetta sempre di più, vuole essere sorpreso, attirato, emozionato. È il consumatore che detta le regole del nuovo gioco del mercato e le imprese, tutte, grandi e piccole, devono ricevere ed assecondare il suo emblematico messaggio: "*Se devo cedere seducimi, se devi convincermi sorprendimi. Se devi parlarmi emozionami. Meritati la mia fiducia, la mia stima, la mia solida amicizia, altrimenti guardo solo al prezzo*".

Ma non c'è fiducia senza etica. Tutti sappiamo che Nike ha rischiato di perdere milioni di estimatori quando si è diffusa la notizia che si avvaleva della manodopera infantile nei paesi del terzo mondo per la produzione delle sue merci. Ma non è un caso isolato. Il consumatore vuole verità, accetta di essere ammaliato ma non ingannato e soprattutto ora più che mai si ispira a quelle marche che dimostrano di interessarsi e di intervenire concretamente nelle tematiche sociali, siano esse collegate all'ambiente o ai disagi sociali di qualsiasi natura. Se ne sente partecipe e aderisce più volentieri all'acquisto, se sostenuto dall'intima convinzione di aver contribuito ad un progetto indirizzato al bene sociale ed è perfino disposto a spendere di più se spinto da questa leva. E anche in questo caso mi chiedo se non si superino i confini dell'etica strumentalizzando la carità a fini economici. Alla comunicazione e neppure ai beneficiari di queste azioni, l'argomento può comunque non interessare, se il risultato si concretizza in progetti sviluppati e in benessere per fasce di popolazione che altrimenti ne resterebbero escluse.

Il consumatore non vuole essere ingannato e quindi può punire. La Rete è uno dei più formidabili strumenti a sua disposizione per potersi "difendere" e concretizzare il proprio diritto ad essere un consumatore rispettato e non strizzato all'osso e manovrato. Attraverso Internet il consumatore esprime pareri, racconta esperienze, esprime la propria soddisfazione o il proprio dissenso, influenzando in maniera a volte determinante i gusti o le preferenze di altri consumatori. Di questo qualsiasi azienda deve tenere conto, monitorando i forum di discussione ed intervenendo per tempo nelle situazioni più a "rischio". Il consumatore ha coscienza di se stesso e del proprio ruolo e la comunicazione di impresa non può prescindere da questo nuovo stato di cose.

La “marcamica”

Che cosa è la Harley-Davidson? La marca di una moto? Difficile limitarsi a questa definizione. Il minimo che si può dire è che si tratta di una moto molto particolare, amata da gente che si abbiglia secondo uno stile particolare per poter provare l’intima emozione di condurla. Un’emozione che non è essenzialmente legata alle caratteristiche tecniche del mezzo meccanico ma alle forti sensazioni interiori di libertà e di trasgressione collegate all’esperienza di condurlo. La Harley-Davidson non è una moto, è un modo di intendere e desiderare la propria vita. È un invito ad appartenere ad un gruppo di persone che condividono uno stesso modo di intendere il senso di libertà al di fuori degli obblighi imposti dalla quotidianità, svestendo i panni della persona comune ed indossando quelli dell’anticonformista, nella sua “romantica” accezione eroica e trasgressiva.
Gli appassionati di Harley-Davidson prima se ne innamorano e poi finiscono per adorarla. La trasformano in una scelta di vita. Si appropriano del suo stile, lo assorbono, vi si identificano. Questo rende assolutamente difficile che si compia il tradimento: significherebbe quasi tradire se stessi.
Se prima il prodotto/servizio nasceva per soddisfare un bisogno, ora deve promettere la realizzazione di un bi/sogno, un piccolo grande sogno da realizzare attraverso l’esperienza di quel prodotto/servizio. Ma anche questo non può bastare per sempre, in seguito il consumatore chiederà un’emozione e dopo questo si aspetterà la passione e poi l’innamoramento e poi si aspetterà di AMARE e non c’è amore senza fiducia e non esiste fiducia senza rispetto, onestà, valori, concetti fondamentali concentrati in un unico termine: etica.

Questo è il percorso che deve prefiggersi la marca, qualsiasi marca: trasmettere degli ideali, non disilluderli, renderli forti, trasmettere fiducia assoluta. Essere "veri amici", perché l'amicizia è un sentimento che va oltre l'amore, è meno appassionato, zuccheroso, romantico, sensuale ma ha molte più probabilità di vincere la sfida del tempo, di quanto non si verifichi fra due innamorati.
Ecco perché ho fatto miei i concetti espressi da Kevin Roberts nel suo libro "Effetto lovemarks: vincere nella rivoluzione dei consumi" ma poi li ho "superati" secondo le mie personali considerazioni in fatto di sentimenti.
La marca deve fare innamorare, afferma Kevin Roberts, deve sedurre, conquistare, deve vestirsi e comportarsi come farebbe un innamorato per conquistare l'amore di qualcuno. L'innamoramento è una sensazione bellissima, elettrizzante, felice ma forse per questo destinata a non durare nel tempo, a trasformarsi in Amore o a bruciare dopo poche notti di passione. Considero l'amicizia la forma più pura di Amore, non condizionata dal sesso e non contaminata dalla gelosia. Una marca amica ha raggiunto il suo ideale più grande.

Come qualsiasi processo di seduzione, anche la pubblicità non deve ingannare, perché il gioco non può durare. Così come l'amante potrebbe fuggire, lo stesso tende a fare il consumatore deluso. È quindi facilmente intuibile, che la creatività applicata al processo di comunicazione non si traduce in criminali stratagemmi per estorcere denaro, inducendo all'acquisto a tutti i costi. È invece una creatività capace di estrapolare da un prodotto o servizio all'apparenza simile a tanti altri, l'elemento differenziante, che deve esistere e palesarsi dopo l'atto d'acquisto. Soltanto in

questo modo il consumatore tornerà a desiderare di comprarlo.
Il messaggio dell'immateriale, quello che scatena la scintilla dell'emozione, spesso ripaga. Il cliente sceglie di "ringraziare", per quel piccolo dono inaspettato che ha toccato le corde più intime della sua anima, suscitandogli un brivido di tenerezza, commozione, gioia, ilarità, una vibrazione insomma, un piccolo miracolo, che anche la pubblicità può regalare, distogliendolo per un istante dalla normalità quotidiana.

BIBLIOGRAFIA

FALABRINO, G. (2005), *La comunicazione d'impresa*, Carocci editore, Roma

SEAT CORPORATE UNIVERSITY (2007), *Il segreto della gallina. Pubblicità, costumi e consumi degli italiani dei primi ottant'anni di SEAT Pagine Gialle*, Lupetti - Editori di Comunicazione, Milano

FERRARI, B., LIGUORI, L. (2005), *Brand name stories*, Lupetti - Editori di Comunicazione, Milano

DE MARTINI, A. (2002), *La comunicazione people-oriented. Un nuovo modello per la comunicazione d'impresa*, Ed. Angelo Guerini e Associati, Milano

MARINI, L. (2005), *Note*, Lupetti Editori di Comunicazione, Milano

D'AMATO, V. (2007), *Passione, unicità, competenza e valore*, FrancoAngeli Editore, Milano

COTTARDO, G. (2001), *La pubblicità: sempre meglio che lavorare*, Alkalea Edizioni-Divisione Libri, Genova

MASSON, J.E., WELLHOFF, A. (1990), *Merchandising*, FrancoAngeli Libri, Milano

SABBADIN, E. (1991), *Merchandising packaging e promozione*, FrancoAngeli Editore, Milano

ROBERTS, K. (2007), *Effetto Lovemarks*, FrancoAngeli Editore, Milano

ALBERTI SCHATZ, E. (a cura di) (2000), *Schiavi della comunicazione*, Ed. DeriveApprodi, Roma

CONFCOMMERCIO (a cura di) (2003), *Come comunicano gli enti locali in Italia*, Edizioni Unicom, Milano

CHAN, KIM W., MAUBORGNE, R. (2005), *Strategia oceano blu. Vincere senza competere*, Ed. Etas, Milano

fine